Replication of Talents

人才复制

实现组织业绩
倍增的
高效萃取法

罗依芬 —— 著

U0336270

1 套基础模型

4 个实践步骤

20 个超级案例

经验浪费正在悄悄吞噬企业的优势
人才瓶颈让快速发展的企业举步维艰

★ 世界500强企业特聘萃取师手把手教你萃取业务骨干的经验，批量复制人才

★ 让稀缺的业务骨干在你的企业遍地开花

机械工业出版社
CHINA MACHINE PRESS

很多企业在经营过程中都会面临人才瓶颈，包括人才数量的短缺和人才质量的不足。人才瓶颈会导致业务进展缓慢，甚至会严重影响企业的发展。但同时，企业内部很多优秀人才的经验并未得到充分的重视和开发，因此，企业大量的宝贵经验被浪费了。

本书介绍了一套经过长期实践检验的、有效的人才复制方法论。本书的核心在于，通过精准定位企业实现业务目标所需的关键任务，运用萃取方法帮助标杆员工沉淀优秀经验，将其转化为标准化的操作手册或培训课件等。然后，通过训练与实战相结合的方式，帮助更多员工快速提升技能水平，实现人才的快速复制。

为了让读者更容易理解和应用这些方法，书中不仅详细讲解了操作过程的每一步，还通过大量的真实案例来展示如何将这些方法应用到实际工作中。此外，书中还特别介绍了如何培养企业自己的经验萃取师，帮助企业持续提炼和优化自己的知识技能库，建立自己的内部人才培养体系，为企业的长远发展提供源源不断的人才支持。

图书在版编目（CIP）数据

人才复制：实现组织业绩倍增的高效萃取法 ／ 罗依芬著. -- 北京：机械工业出版社，2024. 12. -- ISBN 978-7-111-77101-2

Ⅰ. F272.92

中国国家版本馆CIP数据核字第20241EG497号

机械工业出版社（北京市百万庄大街22号　邮政编码100037）

策划编辑：蔡欣欣　　　　　　　责任编辑：蔡欣欣
责任校对：王荣庆　宋　安　　　责任印制：常天培
北京机工印刷厂有限公司印刷
2025年1月第1版第1次印刷
169mm×239mm · 12.5印张 · 181千字
标准书号：ISBN 978-7-111-77101-2
定价：69.00元

电话服务　　　　　　　　　　　网络服务
客服电话：010-88361066　　　　机 工 官 网：www.cmpbook.com
　　　　　010-88379833　　　　机 工 官 博：weibo.com/cmp1952
　　　　　010-68326294　　　　金 书 网：www.golden-book.com
封底无防伪标均为盗版　　　机工教育服务网：www.cmpedu.com

推荐序

2016 年的一个周末，许多上海的职场人选择了休息，却有 20 位学员走进了我的专业培训师国际认证班，开启了他们的职业生涯转型之旅。这一选择，成为我与罗依芬之间深厚师生关系的起点。

罗依芬凭借强烈的好奇心和坚定不移的态度，早早选定了经验萃取方向。她敏锐地洞察了市场需求，帮助个人与企业充分发掘他们经验中的闪光点，创造无限的商业价值。

她的开朗性格和教学激情，让每一节课都充满活力。8 年来，她成功从职业经理人转型为职业培训师和企业萃取专家，成为行业的佼佼者。我们在共同的培训过程中，探讨了"影响他人积极改变"这一理念。作为我所传授的价值观之一，罗依芬不仅对其有着深刻理解，更在实际教学中将其发扬光大。

罗依芬的著作《人才复制》不仅为企业管理者和培训者提供了实用的解决方案，帮助他们在复杂的市场中实现业绩增长，更通过人才复制模型强调了内部知识沉淀的重要性。书中详尽的步骤介绍，确保了培训内容与企业需求的紧密结合，兼具系统性与实用性。

我坚信，这本书将激励每位读者，拓展他们对人才培养的认知，推动业务走向新高度。希望每个企业都能珍惜内部的知识资产，以提升竞争力，迎接未来的挑战。

愿这本书助力每位管理者和培训者迈向人才培养的新高峰！

新加坡国际咨询培训中心主席与首席导师

陈庆欣

2024 年 8 月 13 日

前言

掌握人才复制密码，加速企业绩效增长

当下这个时代，企业的经营环境复杂多变。近几年，很多企业的培训预算直接被砍掉 80%，更有甚者，一些企业的培训部门直接被解散。

难道企业真的不需要培训了吗？

当然不是，人才培养是企业永恒的课题。

1. 企业培训之痛：培训没什么用

很多企业每年都会引进大量外部课程，培训部门虽然积极开展需求对接和培训安排等事务性工作，却经常收到负面的反馈，如培训内容太理论化，和实际工作脱节，难以学以致用。业务部门经常质疑：培训有什么用？

即使企业提供了与实际工作相关的培训，也往往存在培训成果无法有效转化的问题。员工在培训中学习了新的技能和知识，但由于缺乏实践机会或实践指导，这些技能和知识很快就会被遗忘。企业投入了大量时间和金钱进行培训，却看不到明显的业绩提升，这种"无效培训"让人深感痛心。

企业想要的是能够直接赋能业务的培训。对企业而言，如果开展的是一场没有业务价值的培训，那么损失是非常大的，因为付出的不只是培训成本，还有员工的误工成本等其他成本。要让培训变得有价值，企业需要考

虑：培训内容是不是贴合自己的实际情况？培训能不能转化为行动和绩效？培训能不能给业务创造价值？

很多企业一直致力于向外学习，很少或者没想过企业本身拥有的资源已经足够丰富，如很多优秀的老员工积累了大量宝贵的实战经验和业务知识，只是这些资源需要沉淀、开发和传承，否则，这些宝贵经验就会随着员工的离职或退休而流失，与此形成对比的是新员工无法快速接手工作，业务传承出现断层。

长此以往，企业就会不可避免地陷入一个怪圈：企业一方面抱怨没有人才，招聘和培训没有明显的效果，另一方面却不重视开发内部的宝贵经验，任由经验浪费和流失，并可能陷入困境。

2. 经验萃取很热闹，却没有真正赋能业务

多年来我担任了很多家世界 500 强企业的咨询顾问和培训师，还为大量的企业和政府部门提供了经验萃取的培训和咨询服务。

可喜的是，我发现越来越多优秀的企业开始重视经验萃取，积极引入经验萃取的理念和方法，开展了大量的内部案例萃取和课程开发工作，以沉淀企业内部优秀的经验，同时萃取变成企业重复采购的项目。

但在这个过程中又产生了很多新的问题：

- 萃取的成果看起来非常丰富，一次产出几十个甚至上百个案例、课件，但是对企业真正有用的并不多。

- 很多内部课程质量参差不齐，员工不爱听内训师的课程，认为缺少有价值的内容。

- 萃取只是一时热闹，萃取的成果存放在网络硬盘里，人们不知道该如何运用、推广这些成果。

这种情况下，萃取了比不萃取还要浪费。因为花了大量的时间、精力、金钱，但是并没有真正解决业务问题。

如果没有绩效导向的思维，就盲目跟风开展很多项目，通常不会有结果，因为不能对准业务部门的需求；如果在萃取优秀员工的经验时没有很强的目的性和针对性，只追求数量，就意味着无法把控质量；对于萃取成果如何应用缺乏有效的规划，没有真正可落地的学习项目设计，就无法帮助业务部门把人才复制做到实处，萃取就变成了一场热闹的表演。

所以，到底怎样才能精准有效地开展萃取项目，真正找准业务的需求、萃取业务刚需的经验、设计有效的学习项目、赋能业务部门？

3. 基于经验萃取的人才复制模型

我在经历过大量的萃取项目交付后，提炼了一套行之有效的、基于经验萃取的人才复制模型。应用这套模型，我帮助了很多公司开展内部优秀员工经验萃取，基于萃取成果开发培训内容，设计训战结合的人才复制项目，帮助业务部门培养了一批高质量的人才，并且实现了绩效的增长。

这套模型包括四个步骤，紧盯业务目标开展定主题、选标杆、萃经验、推复制。

一定，定主题。定主题是非常重要的，需要诊断业务目标和当前的挑战，梳理支持业务增长需要的关键任务，确定萃取的主题和范围边界。这样能确保每个萃取的主题都是为业务目标服务的。

二选，选标杆。基于萃取主题筛选、匹配内部的标杆员工资源，能够识别标杆员工经验中的亮点，并采取有效的方式激励标杆员工参与萃取项目，积极贡献自己的经验。

三萃，萃经验。设计有效的萃取方案，帮助标杆员工萃取对实现业务目标有价值的经验并做到准确归因。将萃取成果开发成各类便于传播和复制的形式，包括但不限于案例、标准操作流程或者课程等。

四推，推复制。不要只是停留于萃取，更重要的是训战结合，让员工真正习得这些优秀经验并且运用到实际工作中，产生行为和绩效的改变，这些改变能够观察和衡量。

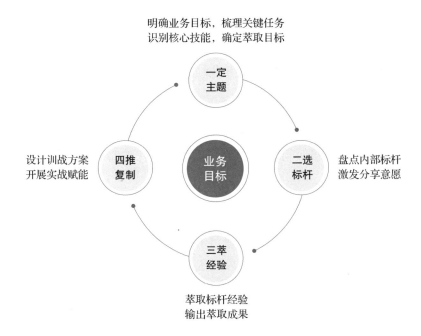

本书将详细阐述以上四个步骤如何开展。为了帮助读者更好地理解经验萃取的方法、应用场景和实操方案，本书还融合了丰富的实战案例和实用的方法，使读者能够理解经验萃取的精髓，并快速掌握其应用技巧。无论你是企业的领导者、管理者还是培训师，本书都将为你提供宝贵的指导和启示，助你成为经验萃取领域的佼佼者。

4. 本书适合人群以及最佳使用方式

因为我个人的时间和精力有限，能够一对一帮助的企业数量是有限的，因此，我竭尽所能地将自己在实战中积累的经验毫无保留地分享在这本书中，希望能让更多的企业高层和负责人才发展的管理者从中收获经验，实现经验萃取的真正意义。

以下是可以在本书中获益的人群：

第一类，企业培训中心与人力资源发展部门负责人。对在企业中肩负人才培养重任的企业培训中心负责人、人力资源发展部门主管来说，本书将帮助他们探索如何有效地萃取企业内部的宝贵经验，将其转化为可传承、可复制的知识资产，从而加速人才培养和业绩增长。

第二类，培训经理与内训师。培训经理和内训师是企业内部培训的中坚力量，他们将从本书中获得丰富的经验萃取方法和实操案例，学会如何更好地设计和开展符合企业实际需求的培训课程，提升培训效果，助力企业打造高素质的人才队伍。

第三类，业务发展与高管团队。作为企业发展的领航者，企业的创始人、首席执行官以及其他高管团队成员的决策和战略眼光对企业成长至关重要。本书将揭示如何通过经验萃取实现人才复制和业绩增长，从而将企业战略转化为可持续的竞争优势。

第四类，咨询顾问与培训师。对于为企业提供咨询和培训的咨询顾问、培训师来说，本书不仅提供了丰富的经验萃取理论和方法，还融合了众多实战案例和实用工具，将成为他们提升专业能力和服务质量的得力助手。

本书也非常适合企业团队、学习小组以及各类社群进行群体性共读。通过集体学习和讨论，团队成员可以掌握经验萃取和人才复制的核心思路，促进知识共享和经验传承，进而提升整个团队的战斗力和创新能力。

我衷心地希望中国的企业不再困于人才瓶颈。相信通过对本书的学习，企业将进一步沉淀其核心知识资产，以此加快人才培育的进程，进而提升自己的市场竞争力，获得更健康、持续的发展能力。

在本书的撰写过程中，我得到了众多萃取师学员以及专业人士的支持，他们的建议和反馈使书中的内容更加丰富和完善。在此，我要向他们表示衷心的感谢。他们是优秀的萃取师盛红、赖登宏、刘第、王淼、栾宏鸽、陆玉娟。我也要特别感谢秋叶大叔和秋叶团队的可白老师、谢金钟老师，以及本书的责任编辑蔡欣欣老师，他们的专业指导和辛勤付出使得这本书得以精彩呈现。

目　录

第 1 章

企业最大的
浪费是经验
的浪费

01 一
没有经验沉淀的企业，总是做不大

在一次经验萃取工作坊结束的时候，客户企业的 CEO 上台分享自己的感受和心得。他激动地说，如果我在五年前就学到你的这个方法的话，我相信公司的业务规模一定会比现在至少大一倍。

这位 CEO 说，其实在五年前，公司就已经有幸拿下了中石化、中海油这样的大公司订单，这些订单有力地推动了公司的发展，但是当时公司的想法很简单，认为项目做完了工作也就做完了，没有及时地去反思和总结。

现在回想起来，如果公司当时就能够去开展这样结构化的反思和提炼，一定能从中挖掘出自身在籍籍无名的时候就拿下这些大客户订单的关键成功因素。很可惜，那个时候，公司还不了解经验萃取，没有形成一套对大客户销售管理的方法论，也就没有用于培养新人的销售方法论。新人只能靠自己的悟性，在不断犯错中学习，这样重复交学费的结果就是团队培养不起来，人才断层严重，老的销售人员很厉害，新手上手却很慢。现在想想，的确是浪费了很多宝贵的经验。

诚如这位 CEO 所言，经验的浪费会导致人才队伍培养落后，企业发展缓慢，甚至可能会因此错失大好的市场机会。眼看着同期发展起来的企业已远远领先于自己，一步慢而步步慢，却束手无策。

而这样的经验浪费现象，几乎在每家企业都存在。不少企业家都会将目光凝聚在有形的浪费上，如重视假期办公室里有没有关灯；但在经验的管理和利用上，往往就忽略了，以至于等到出现大问题时，自己还不知道具体是哪一步出了错。

　　精益管理理论中有一个很知名的概念，叫作消除浪费，其中包括四种常见的浪费现象和解决方案，可以帮助企业节约成本以及缩短生产周期，但是精益管理论述的是生产物流环节中的浪费，对于经验的浪费却没有涉及。

　　借用精益管理理论中浪费的概念，我想提出这样一个问题：

　　你的企业里面是不是存在经验浪费的现象呢？

1. 企业中的四种经验浪费现象

　　下面是我总结的四种不易被察觉的经验浪费现象，你可以给自己的企业把个脉。

　　第一种浪费，重复犯错的经验浪费。举个常见的例子，在一线工作中，有很多工作方法是老员工在不断试错中总结出来的，如果老员工的经验没有传给新员工，那么新员工就可能会犯老员工犯过的错。经验没有得到宣贯和传承，后人就无法有效避开前人踩过的坑，因此重复犯错。

　　第二种浪费，发展时机的浪费。有的地区子（分）公司出现了业绩标杆，有的地区子（分）公司业绩一般，如果总公司没有研究业绩标杆地区子（分）公司的一些关键做法、成功因素，那么对其他地区子（分）公司就不会起到示范带动作用。例如，有家生物制药外企的山东分公司做得特别好，而长三角分公司的业绩却很一般，这种发展不平衡的情况持续了三年，总部才开始研究山东分公司表现出色的原因，将经验老到的山东分公司的总负责人调到长三角分公司，这才让长三角分公司的业绩也得到了快速提升，但他们已经浪费了三年的发展时机。

　　再比如新技术应用、新产品推广、新系统上线、新政策落地过程中，出现了一些业务标杆，公司却没有及时挖掘业务标杆的经验，进而普及推广，既错失了应用新事物带来的优势，也错失了挖掘经验的良机。

　　第三种浪费，重大项目的经验浪费。对于员工而言，重大项目本身不是经历，做它的过程才是经历。在完成项目的过程中耗费了公司大量的资源，包括人力、物力、财力等多个方面，但是有些公司往往只重视项目产出，而忽视项目的经验产出，没有开展项目复盘和关键经验萃取，导致公司在面临新的项目工作时，缺少一套成型的方法论和工具，最终仍然是凭感觉管理，凭直觉做事。

第四种浪费，老不能带新的浪费。在一线工作中，常出现老员工会做却不会说的情况，老员工带教新员工没有章法，带教过程既缺乏框架，也没有把关键细节和工作标准培训到位，要靠新员工自己去悟，悟得快的新员工成长快，悟得慢的新员工会自我怀疑，常常会因做不出业绩而离职。

2. 经验浪费与人才瓶颈并存的怪象

如果你去问企业负责人或 HRD，企业现在最缺什么，你大概率会听到：缺人才。因为企业需要优秀的人才才能做大做强。但是企业一方面缺少人才，另一方面又浪费了大量好的经验。

经验浪费与人才瓶颈之间相互作用，形成了一个恶性循环。

一方面，经验的浪费使得企业在人才培养和引进上不得不投入更多的资源和精力，但却难以产生预期的效果。因为缺乏有效的经验传承和分享机制，新员工需要更长的时间来适应和融入企业，而老员工也可能因为缺乏新的经验和知识而陷入职业瓶颈。另一方面，人才瓶颈又进一步加剧了经验浪费的问题。因为缺乏合适的人才来承接和运用企业的经验，一旦有优秀人才流失，就意味着他（她）把经验也带走了，企业又得从头开始摸索，工作效率就会降低。

经验就静静地躺在高绩效员工的大脑里，如果老员工不会说，新员工不会问，企业没有开发和利用，企业的人力资本利用率就非常低，企业会卡在严重的人才瓶颈中，丧失很多发展的机会。

管理者都想招到合格的员工，但是企业如果没有构建出一套人才培养的体系，就算招到了优秀的人才，人才也无法快速适应企业的发展、快速获得岗位所需的能力，更别提留住人才，给予人才合适的成长渠道和空间了。

所以，一家企业的核心竞争力是什么？除了产品和技术，最核心的是一套强大的人才培养体系。

有了一套强大的人才培养体系，就可以降低员工的学习成本，同时也降低企业的培养成本和人力成本，并且在这种体系下成长起来的员工会对公司有更高的忠诚度和更强的归属感。

比如，海底捞的副总经理杨小丽，出生于农村，18 岁进入海底捞时只是一名服务员，但海底捞给她提供了成长的平台，随着时间的流逝，她一点点积累经验，最终成长为海底捞的副总经理。海底捞的创始人张勇坚信经过历练得到提升的人有能力带领团队进步。

那么，企业应该如何充分利用内部优秀员工的经验，快速培养数量足够、质量合格的岗位人才呢？

答案是，需要搭建一套沉淀、传承与复制经验的机制，然后设计有效的人才复制培训模式，开展人才的批量化培养。

好消息是近几年来，越来越多的大企业开始重视企业的经验浪费现象，开展各种各样的经验萃取项目，培养企业的内训师，帮助企业沉淀优秀经验，开发课程、案例，开展内部培训，给新人安排导师等。但是由于种种原因，在很多企业，收效并不理想。背后的具体原因，我们将在下一节进行详细剖析。

02 —
企业培训效果差，到底做错了什么

其实很多优秀的企业管理者并不是没有意识到自己的员工拥有优秀的经验，他们采取了各种办法来推广这些优秀经验，比如开展导师制，搞传帮带，做案例萃取、课程开发，或者举办企业内训师大赛、微课大赛。各种活动组织得非常热闹，但是真正做出效果的、能为业务赋能的项目并不多。

1. 内训师项目的问题

近几年内训师项目（Training the Trainer to Train，TTT）特别多，很多大企业、银行都非常重视内训师的培养，每年在这方面投入的资金也很充足。但是我们经常会发现内训师项目并未取得理想的结果。企业做内训师项目的问题有三个。

首先，内训师要开发什么课程，是没有经过严谨的规划和论证的，往往是内训师根据自己的兴趣或者擅长点提出的，很多时候，甚至内训师的主管也并不知道他开发的是什么课程，而负责组织培训的部门也很少关心他们开发的这些课程准备怎么用。

内训师在各种包装得非常华丽的培训项目中花了很多时间，开发了一些课程，虽然看上去成果数量众多，但是真正有用的没有几门，更谈不上能够为业务赋能，带来明显的业绩提升或者绩效改善了。

其实，企业内部开发的课程并不在数量多寡，而在质量高低。每年只需集中精力和预算，开发出几门对业务最有价值的课程，助力业务部门将课程转化为员工的业务能力，进而推动业绩的增长。这才是我们真正应该关注的。

其次，关于企业内训师队伍的建设，我认为这并不是一项绝对必要的任务。企业真正需要的，是那些业务标杆所拥有的宝贵经验。先让业务标杆将这些经验分享出来，然后由培训部门将这些经验转化为课程，进行推广和赋能，才是经验萃取行之有效的道路。

我们不必强求业务标杆成为出色的讲师，因为专业能力和语言表达能力并不一定是正相关的，有些高业绩员工是无法在讲台上完成经验的传授的。如果只是为了完成培训部门的业绩指标而强迫业务部门配合，那么这种培训就失去了其本质意义，变成为了培训而培训。

最后，并不是每个部门都需要进行课程开发。课程开发是一项既耗时又费力的工作，我们应该优先关注那些与业务的发展和业绩目标的达成紧密相关的部门，对其进行经验萃取和课程开发。

在很多公司中，销售部门、服务部门往往是人数最多、承担业绩目标最重的部门。因此，我们应该优先从这些部门着手，集中力量帮助它们实现业绩目标。而对于其他支持部门，由于人数相对较少，我们不一定非要为它们开发课程，可以通过其他更轻便的方式，如编制工作指导手册或制作微课等来解决问题。总之，我们要根据实际情况和需求来灵活选择适合的培训方式，避免盲目跟风或"一刀切"的做法。

2. 为什么导师制效果不佳

师傅带徒弟不是什么新鲜事。很多企业都会开展导师制，通过传帮带来培养新人。企业通常也会选择绩优员工来带教新人。但在很多企业，导师制会出现下面的情况。

第一种，师傅忙于自己的工作，没有时间带徒弟。因为师傅通常是企业的绩优员工、业务的顶梁柱，每天的工作量就很大了，很难有闲暇时间去专心带徒弟；有些人还有传统的观念，害怕"教会徒弟，饿死师傅"。

第二种，师傅讲不清楚自己的经验，总是碎片化分享，想到哪里说到哪里。这便是专业能力和语言表达能力并不一定呈正相关的典型表现。这种手中有、口中无的现象，表明师傅们缺乏对自己的工作的深度反思，不擅于提炼出体系化的方法论，进而讲不清楚，也教不会别人，导致培训效果差。

第三种，师傅在带徒弟的过程中没有章法，只是单纯让徒弟自己看自己悟。很多师傅虽然在自己的领域有着丰富的经验，但并不具备做好一个老师的专业素养，在没有经过充分培训的情况下甚至不知道如何制订教学计划、如何评估徒弟的进步，以及如何处理徒弟在学习过程中遇到的问题，再加上教学经验和技巧的缺乏，无法将知识和技能有效地传授给徒弟。

另外，师徒之间的关系也是影响项目效果的重要因素。如果双方缺乏信任、沟通不畅，或者存在性格不合等问题，项目就容易在进行过程中受阻。

最后，从徒弟的角度，如果徒弟不会问也不会总结师傅的经验，养成"等、靠、要"等不良习惯，就会导致成长过慢。

带教效果不明显也会反过来导致师傅带徒弟的动力不足，影响带教积极性，而且带教需要花费很多的时间，这个过程中师傅难免会产生负面情绪，影响带教效果；另外，徒弟也会感觉和师傅学习有困难，没有真正学到本事，到头来，很多导师制项目只能不了了之。

3. 案例萃取项目的局限性

自从一些顶尖商学院的案例教学法传入中国，很多大企业每年都会组织案例萃取，开展案例复盘、案例教学。从 2016 年开始，案例萃取成为企业培训市场的一个炙手可热的培训项目，我也在这股东风之下做了很多企业的案例开发和案例教学培训。

案例的特点是：通常基于真实事件或情境，围绕一个特定的痛点场景，讲述一个难题的解决过程，分享一个解决问题的具体思路和方法，具有很高的实用性。

学员在案例中听到那些好的思路和做法时，是非常兴奋的。而且案例的故事性很强，不需要讲述者具备很强的演讲能力，只要分享真实的事件经历和取得结果的核心方法论，就能引人入胜。

但是案例也有它的局限性——特殊性较强。很多员工听完一个案例以后，常常会思考这个案例如果换到自己身上可能无法成功，或无法复制，如果是，那么这种特殊性会降低听众对于案例的吸收程度。

另外，很多人的案例分享没有将核心亮点萃取到位，最后变成了流水账，或者变成成果秀，只能让别人看到他们取得了好结果，但是不知道为什么能取得，也无法把经验迁移到自己身上。

所以，案例可以成为萃取经验的一种形式和载体，但是不意味着所有经验的萃取和复制传承都适合使用案例。而案例的教学设计需要一套非常强而有力的行动学习方案来促进学习者的消化和吸收。

4. 微课大赛的尴尬

2015 年左右，微课大赛着实火了一段时间。很多企业都开展了微课大赛。微课短小精悍，主要是几分钟的短视频、H5 界面、动画，或者是结合 PPT 录制的语音文件，每个课题解决一个小颗粒度的场景问题，聚焦效果非常好。

微课大赛在企业内部经验传承方面具有显著的优势，但同时也存在一些不足。

亮点是微课大赛为企业员工提供了一个展示和分享自己的经验和知识的平台。通过参与微课的制作和分享，员工可以将自己的实践经验和专业知识转化为微课内容，从而有效地实现企业内部的知识共享和传承。此外，微课大赛通常设有奖励机制，可以激发员工参与的积极性。

不足之处在于，由于员工的知识水平、表达能力、微课制作水平存在差异，制作的微课质量参差不齐。特别是制作微课需要具备制作 PPT、动画、视频剪辑、配音、字幕等相关技能，许多年长的员工在过往经历中鲜少接触，如果没有耐心去学习，是很难掌握这些技术的，更别说制作高水平的微课了。

在这方面，虽然企业可以提供培训和支持，但员工投入一定的时间和精力去学习和掌握这些技能也是必不可少的。由于种种原因，很多微课大赛都让新员工去参加，然而新员工没有足够的经验，又何谈沉淀呢？随着微课的发展，微课数量也膨胀成海量，需要学习的东西也越来越多，对员工而言，制作微课、学习微课反而变成了一种"负担"。

因此，开展与经验萃取相关的培训一定要避免形式大于内容的情况，无论是内训师、导师制，还是案例萃取、微课开发，都要构建有效的内容规划、经验萃取和复制方案，避免出现"萃取得很热闹，花了时间却不能得到理想的结果"的现象。

说到这里，你可能会问，那培训还有没有用呢？怎样才能真正有效地落地，给业务带来看得见的收益呢？我将在下一节分享我实操过的人才复制案例，讲述我如何通过经验萃取和课程开发，设计训战结合的项目，帮助业务部门培养一批能战斗的员工，增加 1000 万元的利润。

03 —
一场带来 1000 万元利润的培训

在我担任一家拟上市公司的培训顾问的第二年，公司在推广一款新的产品。当时，大家都在摸着石头过河，探索让这个产品的销售效果达到最佳的新方式。半年以后，产品经理发现该产品在上海的成交额非常高。

调研结果显示销售的成功源于上海分公司的会议营销（以下简称会销）做得特别好，其中的一对会销搭档更是主力军，半年内创造了 200 万元的业绩。这对于一款新产品来说，已经是一个非常不错的成果了。产品经理敏锐地意识到其中一定存在值得推广的好做法，于是决定将这家分公司的经验分享给全国其他省份的分公司。

为此，产品经理邀请会销业务标杆（下面简称标杆）到河北分公司销售现场做了一次实地示范，让其他销售人员观察他们的销售方法。方法似乎并无不妥，但当标杆离开后，本地销售人员模仿着去销售，成交率却远远未能达到预期，原因就在于本地销售人员只是机械地模仿，并没有抓住标杆成功率高的关键。

也就是说，这次实地销售示范并没有清楚地揭示成交背后的一系列设计原理，诸如会销开展的流程、逻辑，需要邀请什么样的人到现场，现场营销的关键话术，排除异议的技巧，以及现场人员该怎么配合。最终的结果表明，再好的经验，如果只学到一些皮毛，并不算是真的学到了。

你可能要问，那能不能让这两位标杆自己来总结呢？两位标杆的反馈是：我可以现场给你演示一遍，这对于我来说很简单，但要让我讲这里面的经验，却是无从说起。

无奈之下，这个公司的培训经理找到我来做这个项目。

当时我们团队就策划了一个基于经验萃取的培训项目，我们总结了三个重点步骤。

首先要萃取标杆经验，其次要推广复制标杆经验，最后要跟踪落地转化。

就这个案例来讲，我们的第一步是通过访谈的形式将两位标杆的经验萃取出来，第二步将这些经验开发成一门会销培训课程，组织公司所有的销售人员进行学习，最后一步是让这些人带着学到的会销经验，回去开展会销工作，实现落地转化。

我们策划好以后，和销售部门沟通他们对这件事的期望。当时销售部门对我们的期望，就是让这两位标杆把自己的销售过程和思路给大家讲清楚。由此可见，他们并没有对这个事情抱有太高的期望。

那我是怎么做的呢？

第一步，萃取标杆经验。

我们安排了一次面对面的经验萃取工作访谈。经过3个小时的交流，我们将会销流程分解成3个阶段、16个步骤，通过回忆、提问和反思，确定了每个步骤中的关键话术、原理和目标，整理成了《××产品会销流程手册》初稿。

通过萃取，两位标杆反馈自己原来只是觉得某些话这么说比较顺畅，但是没想过为什么这样说有效。而通过这次的访谈进行了反思，才明白自己究竟是抓住了什么关键点才能事半功倍。这对以后辅导新人也很有帮助，因为能够将销售思路更加清晰地、有的放矢地进行传授。

让我特别感动的是，两位标杆在写课件时加班加点，非常积极主动地配合。在这个过程中我们辅导了两次，帮助他们完善课件。

第二步，推广复制标杆经验。

标杆的经验萃取好了，怎样实现复制推广呢？短时间之内，很难对这些标杆进行 TTT 培训，让他们成为内训师上台讲课。

很多公司做 TTT 都有一个误区，希望让业务标杆能够自己去讲课。但通常只有极少数人能够脱颖而出，成为优秀的内训师，大部分人的经验都被白白浪费了，最终导致内训师利用率不高。于是在这个项目中，我们尝试了一种新颖的做法——"标杆 + 引导师"的双师模式：让标杆分享经验，让引导师做教学引导。正如我本人即经验萃取师 + 引导师。

我们的课程分成 3 个阶段：课前 4 天，让学员观看两位标杆的会销视频，带着问题思考，提前进入状态；实战集训的第一天，标杆讲解销售流程和关键话术，这一天要求大家内化成自己的营销话术；实战集训的第二天进行销售话术的实际演练，并且分小组进行实战考评，最后颁发合格证书。

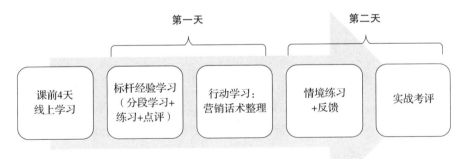

具体做法是：

1）把标杆的经验按照主题切分成 6 个模块，每个模块讲解 30 分钟。

> **分析**：如果让标杆花几个小时先讲完，学员听到后面的内容容易忘了前面的内容，不利于消化吸收。在教学中，把大块内容切成几个小块，更有利于学员消化吸收。

2）在开始讲解每个模块前，让学员带着问题思考，每个模块讲解结束时，设计一个练习。

比如，在标杆讲解完一段话术的关键点、原理和目标之后，引导师让学员用自己的语言随即组织一套话术，然后现场演练这套话术并且让学员互相点评，选取代表上台分享，让标杆点评。

> **分析**：首先，让学员对每个模块先提出感兴趣的问题，带着问题和思考的学习是有目的的、主动的学习，更有利于提高学习的效率。其次，听讲之后，立即做练习、互相点评，可以达到非常好的转化和巩固效果。尤其在热烈的现场氛围下，他人的点评能够帮助自己看到优点和不足，让每个人都十分认真地演练。

3）第一天晚上，要求学员根据自己的理解整理营销话术，第二天上午进行话术练习，准备第二天下午的实战考评。

> **分析**：第一天晚上的行动学习，让每个小组进行营销话术的整理，其实是又一次的巩固训练，让学员对他人的经验进行内化并实现二次创造。
>
> 正所谓光说不练假把式。我认为销售更重要的是实战练习，而非讲解大量的知识。因此特意在第二天留出半天时间，让大家做情景练习。其中加入一些典型的挑战性销售情景，会更加考验学员的临场应变能力，也会更加贴近现实。
>
> 第二天下午的实战考评环节，将学员分别安排到不同的房间里，每个房间设置一名考官，现场打分、点评。不得不说，因为设置了实战考评环节，学员的投入度大大提高，每个人都铆足劲儿进行练习、改进。这两天下来，学员的成长是十分迅速的。

这两天的集训让学员大开眼界，原来对会销一窍不通的人，在标杆的讲解下有了自己的理解、展示、点评，不仅掌握了全套的流程和话术，还能自信地站上台去开展会销。

两位标杆也反馈经验萃取是一次非常难得的成长经历，不但让自己的经验得到了清晰的梳理和沉淀，也能在现场与来自全国各地的销售人员交流，增长了见识，优化了经验。

产品经理和销售总监对现场热烈的学习气氛也感到非常惊喜和意外，对学习效果也非常满意，评价这是一次非常实用、接地气的培训，其成效也是过往的培训很难达到的。

第三步，跟踪落地转化。

在经过了上述实战辅导后，这些会销人才回到全国各地的分公司开展会销工作，但训后效果跟进才刚刚开始。为了帮助各地的分公司做好会销工作，销售总监除了要求各分公司每个月汇报会销完成情况的数据，还通过其他方式对各分公司开展会销的情况进行跟踪了解，随后还需要针对各地涌现出来的新标杆进行新的经验萃取和优化。

短短两个月，其他分公司就取得了令人惊喜的好成绩——成交率达到90%！仅下半年，新产品就增加了1000万元的利润。这就是经验萃取给企业带来实实在在的利润回报的实例。

如果所有的培训都能给业务人员的成长带来质的飞跃，相信会有更多的企业张开双臂拥抱培训！

而我讲述这个案例，是希望借此带给你三个重要的启示。

第一，善于发现经验的浪费现象。在这个案例中，产品经理先发现上海分公司有先进的经验，不能浪费这样的宝贵经验，因此产生了萃取经验的想法。如果你在企业中也发现了业绩标杆，一定不要浪费经验，要想办法加以萃取。

第二，萃取标杆经验需要合适的方法。在这个案例中，你会看到产品经理也曾做过经验萃取的尝试，但不可否认的是，要想让业务标杆的经验得到真正意义上的分享，我们必须依靠专业的萃取方法来为标杆提供分享技巧和工具，将亮点做法清晰地表达出来。

第三，经验萃取需要推广复制才能产生效果。仅仅将萃取的经验写成一本手册，就希望达成全员提升的效果，无疑难如登天，因为萃取的经验本质上是一种技能，是需要通过培训来进行强化训练的。所以要把标杆经验推广复制，最快、最有效的方式就是开发课程，做实战培训，而开发的课程在精不在多，要真正抓住关键任务进行开发。

所以基于绩优员工的经验萃取，加上绩效导向的训战项目设计，的确是可以帮助业务部门创造业绩的。只要企业掌握了经验萃取和人才复制的技巧，就可以培养出大批高质量的人才，加速企业的成长。后面的章节将会详细讲解基于经验萃取的人才复制项目的底层逻辑以及实操流程，并辅之以大量的工具和案例，让你掌握这套方法。

本章思维导图

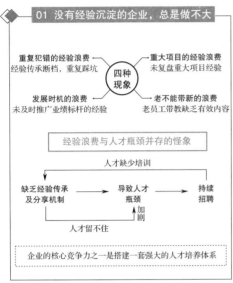

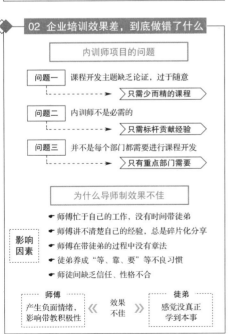

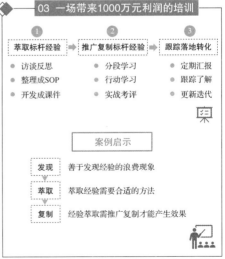

第 2 章

学会人才复制，加速业绩增长

01 一
人才复制的底层逻辑和科学性

企业中不同员工的绩效表现有差异是正常现象。工作年限、工作的勤勉程度、个人的悟性、成长的背景不同，会造成员工能力参差不齐，最终表现为员工绩效的差异。比如销售部门前 10% 的员工可能贡献团队 50% ~ 70% 的收益，业务标杆员工群组的绩效表现是其他员工平均值的几倍甚至十倍以上，这种巨大的差异常常让企业寄希望于拥有更多的销冠、明星员工，以此让收益再上一个台阶。

1. 员工的天赋可以复制吗

不可否认的是，人与人的资质有差异，天赋优势各不相同。有些人天生就对某些事情很敏感，非常有天分。比如，滑雪运动员谷爱凌第一次参加奥运会就拿了 2 金 1 银，大家都说她是滑雪天才。

其实谷爱凌总说自己不是天才，因为就算有天赋，也要通过大量的训练，才能把天赋打磨成一项超级能力。区别在于，有天赋的人在刻意练习的过程中是享受的、发挥优势的、创意不断涌现的，尽管训练过程辛苦并枯燥，但是他们却乐在其中。

所以，天赋也要靠有效的努力和正确的行动来实现，天赋不可复制，但是有效努力的方法、正确行动的路径是可以复制的。

值得高兴的是，在企业中，绩效业务标杆员工的大部分关键要素具备可识别性和可复制性，快速复制绩效业务标杆员工的成功关键要素，可迅速大幅度提高企业的绩效。在这个过程中，我们只需改变普通员工不多于20%的工作方式，即可带来绩效回报。

前面举的会销案例就是一个典型的例子。两位标杆员工通过在一场又一场的会销实战中打磨一套炉火纯青的会销流程和经典话术，提高了对现场的敏感度，能把握现场的节奏、调动听众的情绪、激发客户的行动，最终实现了远超其他员工的业绩。

而我们将这些关键成功要素识别出来，挖掘他们行为背后的成功逻辑，形成一套可复制的动作和话术，去教会那些还没有掌握会销技巧的员工，就可以实现对这些员工的赋能，进而提升企业的绩效。

2. 为什么经验需要萃取

企业中的很多员工明明能力很强，做事又好又快，但是当你询问他们有什么经验可以分享的时候，他们总是语无伦次，让人听得云里雾里。大概率不是他们故意藏着掖着，只是不知道怎么去讲。就像上面提到的两位业务标杆员工，如果没有经验萃取，或许永远无法知道自己成功的真正秘诀是什么。

库伯经验学习圈提出，经验学习过程是由四个适应性学习阶段构成的环形结构，包括经验、反思、提炼、应用。经验是让学习者完全投入一种新的体验；反思是学习者在停下的时候对已经历的体验加以思考；提炼是学习者必须达到能理解所观察的内容的程度，并且吸收它们，使之成为合乎逻辑的概念；到了应用阶段，学习者要验证这些概念并将它们运用到制定策略、解决问题中去（Sugarman，1985）。

对经验进行系统性的反思和提炼知识的过程，就是经验萃取。很多人之所以说不清楚自己的经验，就是因为缺少对经验的反思和提炼的过程。

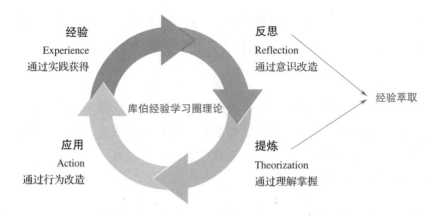

经验之所以需要通过萃取这种方式来沉淀，主要基于以下四个方面的考虑。

第一，系统性整理。在日常工作和实践中，人们会不断积累各种各样的经验。这些经验可能是碎片化的、不系统的，甚至有时是相互矛盾的。但通过萃取，我们可以化零为整，将这些零散的经验整理成结构化的知识体系，为后续的学习和应用提供便利。

第二，明确性提炼。经验萃取能够帮助我们从众多的实践经验中提炼出最关键、最核心的要点。这样，无论是在内部传承还是对外分享时，我们都能够更加清晰、明确地传达经验的本质和精髓，提高知识的传递效率。如果没有提炼出这些经验，别人就听不懂也学不会。

第三，增强可复制性。通过萃取得到的经验往往是经过验证的、在特定情境下有效的方法和策略。将这些经验以图表、案例等形式固化下来，可以大大提高它们的可复制性和操作性，使更多人在不同场景中应用这些经验并取得成功。比如形成的营销话术，可以让员工拿来就能用，省去重复摸索的时间。

第四，企业的知识积累。对于企业而言，员工的经验是宝贵的资产，但如果不加以萃取和沉淀，这些经验可能随着员工的离开而流失。萃取经验并将其纳入企业的知识库，可以确保这些经验得以长期保存并在企业内部广泛共享，从而提升企业的竞争力。

经验之所以需要通过萃取这种方式来沉淀，是因为萃取能够帮助我们系统性地整理经验、明确地提炼核心要点、增强经验的可复制性，并促进企业知识的积累。这样做不仅有助于个人和团队的学习与发展，也对企业的长期成长和成功具有重要意义。

3. 经验萃取让标杆成为专家

有些标杆抗拒萃取，担心"教会徒弟饿死师傅"，却忽略了"如果不教会徒弟，就会累死师傅"的可能性。

在会销的案例中，两位会销标杆在没有萃取之前，可以说是忙得团团转。因为他们做得好，却教不会团队里的人，便只能一力承担整个团队的业绩压力。他们每周都安排了会销场次，讲到声嘶力竭，即使犯了咽喉炎也不能停，除了健康受损，在这个过程中也不能尽到原本对家庭应尽的责任，如陪伴爱人、照顾老人孩子。

在两位标杆的时间被占满的同时，团队中的其他人因为学不会他们的方法，眼睁睁看着彼此间薪资的差距越来越大却无能为力，最后产生离职的想法，这可能导致团队分崩离析。而这么一来，领导就会认为这两位标杆"无法妥善管理团队"，更别提升职了。

而经过萃取，标杆会明确知道自己是如何取得成功的，在带教团队时思路更加清晰，能够更好地帮助团队中的人成长，在才华和能力被更多人看见、得到下属的尊重和认可的同时，也更容易得到领导的赏识和提拔，获得个人的职业成就感，真正从标杆蜕变成专家。

什么是标杆？标杆做事又快又好，能够解决一些复杂问题，做工作时得心应手，积累了很多套路方法，但可能不自知，讲不清楚所以然。

而本书所说的专家不但做事又快又好，擅长解决复杂问题，而且能够用创造性的方法解决问题。专家和标杆最大的区别就是他们对自己成功的过程有清晰的认识，达到了知其然更知其所以然的程度。专家能够提炼出自己的一套方法论，并且用这套方法论指导别人做事也能取得成功。除此之外，专家具有很强的创新能力，他们的方法论对行业也会有贡献，可能引领一个行业的发展。

4. 经验萃取的多学科原理

经验萃取虽然是一个新名词，但其建立在心理学、组织行为学、知识管理等多个学科的基础之上，丰富的理论基础足以支撑经验萃取在企业发展和个人成长中发挥重要作用。

首先，心理学中的认知学习理论认为，人的学习过程是通过信息的获取、加工、存储和应用来实现的。而经验萃取正是对这一过程进行优化和提炼，从而帮助人们从实践中提取有价值的经验，并转化为认知结构的一部分，以便于更好地应对未来可能会出现的多种情境。经历过经验萃取的员工普遍表示，在面对相似问题时，他们的思路更清晰，能更快找到解决方案且准确率更高。

其次，组织行为学中的知识共享和创新理论认为，企业内的知识流动和共享是提升企业效能的关键。经验萃取作为一种有效的知识管理方法，能够有效促进企业内部经验的传递和共享，进而推动企业的持续改进和创新。我们发现，实施了经验萃取项目的企业，在员工满意度、团队协作水平以及业绩等方面均有显著提升。

此外，知识管理领域的相关研究也表明，有效的知识管理能够提升企业的竞争力和创新能力。经验萃取作为知识管理的重要组成部分，能实现对企业内部和外部经验的整合和提炼，形成可复制和推广的最佳实践，把企业内部隐性的知识显性化，完成企业的核心知识资产沉淀，产生极大的知识复利效应。简单来说，就是能将原本个别人的优秀经验推广复制到全体员工身上，对其业务进行指导，从而带来好的效果。

经验萃取在提升员工绩效和稳定企业人才结构方面具有积极作用。有一家公司正是在实施经验萃取项目后，新员工从入职到胜任岗位的成长周期缩短了 2/3，员工离职率降低了 20%。

综上所述，通过科学的萃取方法和有效的应用机制，经验萃取能够为企业和个人带来显著的效益和强大的成长动力。

02

人才复制成功的三个前提条件

上一节我们主要探讨了在企业内开展人才复制项目的合理性和科学性。

人才复制是一个企业为了实现持续发展和高效运营，借助系统的方法对关键岗位上优秀人才的知识、技能和经验进行萃取、传承和应用的过程。那么，应用人才复制的方法论需要什么样的条件才能确保成功呢？

其实很简单，只需要确保三个核心前提——确保内部有标杆、能萃取合适的经验、机制和流程完善——就能够产生批量人才复制的效果。

1. 人才复制的前提是企业内部有标杆

人才复制的前提是企业内部有标杆，并且标杆有过成功的实践。如果企业内部在某个工作任务中还没有产生标杆做法，一直还在各种尝试中，没有取得预期的结果，那可以认为其目前还没有达到可萃取的条件。

这种情况下，企业更需要开展的是业务复盘行动，对准业务目标，反思关键动作，产出一套确保能更好地行动的方案。

萃取和复盘是一对孪生姐妹，两者相似度很高，常常让人难以区分，我列了表格方便区分萃取和复盘。如下表所示。

项目	复盘	萃取
侧重点	回顾事件目标是否实现	关注经验是否可复制
应用场景	失败经验反思 成功经验总结	成功案例
反思来源	单一事件	多个成功事件
产出成果	成功的经验或失败的教训 下一次的行动方案	可复制的方法论、工具

复盘是对过去的事件或经历进行回顾和总结的过程，它主要关注的是事件本身，通过分析和推演，提炼出适合自己和不同对手的流程或更好的做法。而萃取则更侧重于从经验中提炼出有价值的部分，形成有规律的打法或方法模型。

从应用场景来看，复盘不仅可以用于对失败案例的反思，也可以用于对成功案例的总结，而复盘所得的经验、教训通常只针对单一案例。与之相比，企业经验萃取则针对成功案例，成果质量更高，因为它是基于多个高质量案例梳理的系统化的方法论。

2. 萃取的经验是合适的

经验萃取的本质是，帮助标杆正确归因，达成复制成功的目的。从因果关系的角度来看，标杆在其领域内积累了丰富的成功实践。经验萃取的过程就是通过深入提问、逻辑推理和归纳总结，协助标杆识别出在特定情境下起关键作用的成功要素，进而形成具有普适性和操作性的经验知识，从而实现成功模式的有效复制。

如果没有对标杆经验进行正确归因，就算内训师开发了课程，组织了培训，也很难帮助业务部门解决问题。

我在这里举一个很典型的失败案例。我的一个学员的公司是做月嫂服务的，发展过程中面临着业务新人上岗缺少培训的问题，他们采取的方法是让一线的一位标杆去自主开发课程，给新人上课。由于缺乏专业性，纵使这位标杆很认真地准备课件和上课，取得的成果依旧不理想——员工真正上岗后操作水平依旧很差，接到了不少客户的投诉。

这位标杆的做法有错吗？没有。相反，她很冤枉，因为她付出了时间、精力，却收效不佳。作为经验萃取领域的从业者，我一眼就看出了问题所在：没有专业人员为她整理的内容把关。

这又回到了如何将标杆变成专家的问题上来，她需要专业人员来帮助她进行经验萃取，确保提炼出的内容合适有效，能够做到直击痛点，让新员工能在短时间内清晰了解业务相关的知识点、技能点。

所以，在经验萃取的过程中，不但要选对标杆，还要对标杆的经验进行调研：他们到底是如何取得结果的、他们的做法是不是可复制的、有没有做到正确归因。如果培训了不合适的经验，那比不培训效果还差，不但劳民伤财，耽误了所有人的时间，还影响了内部和谐和客户口碑。

3. 人才复制机制和流程完善

为什么有些企业做了很多萃取项目，开发了大量的案例、课程、微课，却没有带来员工能力的提升和绩效的改善呢？

其实要想人才复制成功，需要两个步骤。第一步，把经验从绩优员工的大脑里萃取出来；第二步，把萃取成果有效地"安装"到普通员工的大脑里。

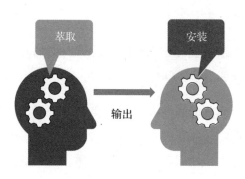

很多企业的经验萃取相关培训之所以没有取得效果，是因为他们只做了第一步，只管萃取出来，不管"安装"进去，最终的情况就是——萃取搞得热热闹闹的，成果一套一套的，但是复制却没有落到实处。

之所以出现只做了一半的情况，主要有以下几个方面的原因。

第一，只注重成果产出，不注重对萃取成果的运用。很多企业在一开始规划萃取项目、开发课程或案例的时候，就缺乏结果导向的意识，而重点放错了，又怎么会有理想的效果呢？

第二，只注重成果的数量，不注重成果的质量。企业在开展萃取前，一定要明确质量重于数量的原则，无论培养了多少位内训师、整理了多少案例成果、开发了多少培训课程，都只是表面功夫，真正重要的是萃取的成果，重要的是能为业务部门培养多少胜任工作岗位的人才。

第三，只为萃取买单，不为复制买单。很多企业在资金投入上也略显"偏心"，把大把的预算花在萃取上，到了复制人才时却显得格外节约。如果想要复制成功，就一定要舍得在"安装"这一步上多投入。

人才复制成功的标准是什么？是其他员工也能胜任工作岗位，能够达到预期的绩效水平。

所以，人才复制的最终目的是将标杆的知识、技能和经验转化为其他员工实践的准则。这就需要通过有效的培训和指导，来帮助员工掌握和应用这些知识和技能。在这个过程中，营造积极的学习氛围和鼓励员工在实践中不断尝试、总结和改进的企业文化，就显得格外重要。

总结一下，人才复制的前提条件是企业内部有标杆、萃取的经验合适有效、人才复制机制和流程完善。下一节将分享我在实战项目中总结的人才复制四步模型。

03 —
人才复制"定选萃推"四步模型

如第 1 章所述，企业有很多培训是不产生人才复制的效果的，因此经验萃取的一个重要环节就是检验人才复制是否成功。而人才复制成功的标准就是要使员工的行为改变符合预期。

那么怎样才能将优秀员工的经验高效精准地传递给普通员工，推动行为改变，促进绩效提升呢？

我在实战中总结了四个关键字，构成了基于经验萃取的人才复制项目的完整流程，即一定、二选、三萃、四推。

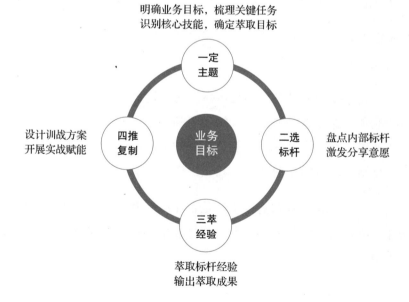

1. 一定，定主题

定主题有四个小步骤，分别是明确业务需求、确定业务目标、识别完成目标的关键任务和界定完成关键任务所需的技能。

具体来说就是企业应该思考这几个问题：这个业务要达到什么目标？谁是任务的关键执行者？哪件事情是能够达成这个目标的关键任务？然后从中推导出完成任务所需的技能。

以会销为例，业务需求是能够提升该产品的销量，达成当年的销售目标。销售人员是关键的执行者。他们要通过开展会销来达成目标。而开展会销需要销售人员掌握一套会销的流程和关键话术。因此可以得出，我们萃取的主题就是会销流程和话术。

理论似乎很简单，但企业在实施过程中遇到的阻碍并不少，诸如培训部门、业务部门都有可能不知道要萃取哪些经验。因此，萃取师的加入就显得格外重要。他们能够通过开展访谈或组织选题工作坊，帮助企业厘清业务需求、梳理关键价值链，得出和业务目标相关的萃取主题清单。

2. 二选，选标杆

当我们界定了业务需求，明确了萃取主题后，就可以在企业内选取业务标杆，看看谁拥有和萃取主题相关的成功实践。

如果标杆人数少的话，可以一目了然，就像前面的会销案例。如果标杆人选比较多的话，就要看数据或者请业务部门推荐，并且需要调研这些标杆的事例是不是他自己完成的，是不是通过努力达成的，其经验是否具有可复制性。

拟定名单还只是最简单的步骤，真正的挑战在于如何让标杆们全力配合，有效达成目标。我们的经验是，企业一定要在经验萃取之前，做好和标杆的沟通，充分激发标杆的意愿，引导他们积极参与，主动分享经验。

在这个过程中，企业一定要给予标杆足够的激励，包括重视、认可和尊重标杆的经验价值。

3. 三萃，萃经验

选好了标杆，就要对标杆的经验进行系统化的萃取。

一般来说，根据萃取的目标不同，可以灵活采用观察法、访谈法、共创法或两种以上方法的叠加。如果标杆的经验是动作技能，可采取观察法＋访谈法，在请标杆演示动作的过程中，观察、提问、记录多管齐下；如果标杆的经验是智慧技能，可以做事件访谈；如果是针对多个标杆萃取经验，则可以通过工作坊采用共创法萃取。

萃取的产出成果可以是课程、案例、微课、话术、标准操作程序等，而企业可以根据经验萃取成果的运用需求，来决定选择哪种方式。

在此给出几种常见的情况和选择：如果参与学习的人数较多，而且涉及复杂的技能，建议做课程，并且开展线下培训，确保培训的效果；如果是具有典型意义的事件，可以开发成案例教学课件或者工作坊，供员工学习和借鉴；如果是销售中常用的产品介绍话术，或者门店关键场景沟通话术，那比较适合开发一套话术，并且通过训练强化对话术的理解，提高举一反三地运用的能力；而一般的小微场景的经验，可以做一些微课、标准操作程序，或者长图文，让人一目了然。

4. 四推，推复制

完成经验萃取之后，就需要去推广复制。要思考学员在什么场景下需要运用这部分知识。人才复制方案的设计要尽可能还原真实的业务场景，开展实战训练，让学员能够学以致用。

只要是技能型的经验，都需要开展人才复制项目设计。为了确保人才复制的效果，我在实践中还开发了一套技能认证的项目机制，帮助企业实现训战结合。

之前讲到的会销案例中的会销课程设计，就是模拟了一个会销的实战场景，让学员分别扮演会销老师和学员，提出疑问，给予反馈，并且安排实战考核，给通过考核的学员颁发会销讲师资格证书。这样能够接近真实的业务场景，更好地训练员工。学习场景和业务场景越接近，学员的学习迁移效果就越好。

本章思维导图

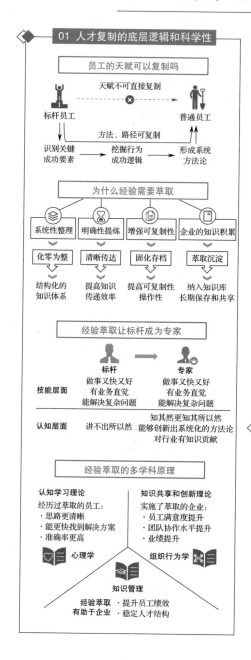

01 人才复制的底层逻辑和科学性

员工的天赋可以复制吗

天赋不可直接复制

标杆员工 ✕→ 普通员工

方法、路径可复制

识别关键 → 挖掘行为 → 形成系统
成功要素　成功逻辑　方法论

为什么经验需要萃取

系统性整理	明确性提炼	增强可复制性	企业的知识积累
化零为整	清晰传达	固化存档	萃取沉淀
结构化的知识体系	提高知识传递效率	提高可复制性操作性	纳入知识库长期保存和共享

经验萃取让标杆成为专家

标杆 → 专家

技能层面
标杆：做事又快又好 有业务直觉 能解决复杂问题
专家：做事又快又好 有业务直觉 能解决复杂问题

认知层面
标杆：讲不出所以然
专家：知其然更知其所以然 能够创新出系统化的方法论 对行业有知识贡献

经验萃取的多学科原理

认知学习理论
经历过萃取的员工：
·思路更清晰
·能更快找到解决方案
·准确率更高
心理学

知识共享和创新理论
实施了萃取的企业：
·员工满意度提升
·团队协作水平提升
·业绩提升
组织行为学

知识管理
经验萃取有助于企业：·提升员工绩效 ·稳定人才结构

02 人才复制成功的三个前提条件

① **人才复制的前提是企业内部有标杆**
标杆拿到过结果，已取得预期的成功实践

区分复盘&萃取：

复盘	项目	萃取
回顾事件目标是否实现	侧重点	关注经验是否可复制
失败经验反思成功经验总结	应用场景	成功案例
单一事件	反思来源	多个成功事件
成功的经验或失败的教训下一次的行动方案	产出成果	可复制的方法论、工具

② **萃取的经验是合适的**
帮助标杆正确归因，达成复制成功的目的

经验萃取的过程：

深入提问 逻辑推理 归纳总结 → 起关键作用【成功要素】识别 → 操作性【经验知识】形成 → 有效复制【成功模式】实现

③ **人才复制机制和流程完善**
能够将行为转化为实践，落到实处

人才复制未取得成果的原因：

只注重成果产出不注重对成果的运用	只注重成果的数量不注重成果的质量	只为萃取买单不为复制买单

03 人才复制"定选萃推"四步模型

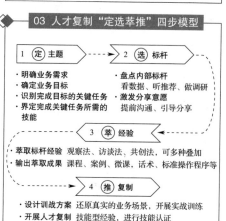

1 **定** 主题
·明确业务需求
·确定业务目标
·识别完成目标的关键任务
·界定完成关键任务所需的技能

2 **选** 标杆
·盘点内部标杆
看数据、听推荐、做调研
·激发分享意愿
提前沟通、引导分享

3 **萃** 经验
·萃取标杆经验 观察法、访谈法、共创法，可多种叠加
·输出萃取成果 课程、案例、微课、话术、标准操作程序等

4 **推** 复制
·设计训战方案 还原真实的业务场景，开展实战训练
·开展人才复制 技能型经验，进行技能认证

第 3 章

一定，紧扣业
务目标，确
定萃取主题

01 —
企业的经验很多，到底萃取哪些

企业来找我做经验萃取咨询时，常提到的问题就是：怎样才能找到一个好的切入点，在那么多的企业经验中找到想要萃取的内容？是安排多个部门参与萃取工作坊，还是只对一个特定的部门开展萃取呢？

1. 如何找到好的萃取切入点

其实要找到好的萃取切入点并不难，瞄准痛点和亮点去寻找就可以了。

第一，业务需求与痛点分析。痛点和瓶颈往往是经验萃取的宝贵素材和潜在切入点。比如销售人才瓶颈、技术人才瓶颈都反映了企业对经验萃取和人才复制的需求。因此，首先需要对企业的业务进行诊断梳理，识别出当前业务中的痛点、瓶颈和关键成功因素。

第二，成功案例与亮点挖掘。回顾企业过去的项目、活动和事件，寻找那些取得显著成效或具有创新性的案例，挖掘其中蕴含的宝贵经验和方法，作为萃取的重要内容。我曾经给一家美资 500 强医疗公司萃取该公司的最佳创新实践，具体过程就是把优秀的创新做法提炼出来，形成可复制的方法论，在内部推广。

第三，员工反馈与需求调研。员工的反馈与需求能够直接反映企业的实际状况和改进方向，并为经验萃取提供有力的支持。有些时候，企业对萃取的需求并不明确，可以通过共创法来聚焦萃取的主题。一般可以采取员工座谈会、问卷调查等方式，收集员工在工作中遇到的挑战、需求和建议。

2. 多个部门参与还是特定部门参与

当企业问出这个问题的时候，我们认为它还处于萃取概念的引入阶段。

萃取对很多企业来说都是陌生的、新颖的概念，对萃取的认识处于哪个阶段可以通过企业提出的问题做简易的判断，这样的判断准确率往往也很高。

如果企业是以萃取技能培训为目的，希望让员工具备自我反思和经验输出的能力，可以在一次工作坊中同时邀请多个部门的员工参与，让他们在体验萃取出自己经验的过程中获得属于自己的一套成果产出。

如果企业需要解决一个特定的问题，培养一批能够胜任某个工作任务的人才，那就需要针对一个特定的部门或主题，开展聚焦而深刻的经验萃取，然后批量地复制人才。

另外，如果企业内的经验萃取尚处于发展初期，我建议先以特定部门或关键岗位为试点来开展萃取工作坊。这样做的好处在于可以集中精力和资源，确保萃取的质量和效果，同时，通过试点项目的成功实施，展示萃取的价值和效果，可以为其他部门树立榜样，达到以点带面的效果。

如果刚开始做萃取，那就必须让萃取一战成名，这样才能在企业内部打开局面。只有企业对萃取的理解和认同度提高，才能有效扩大参与部门的范围。在这个过程中，也要根据不同业务部门的需求特点，灵活选择具有代表性或关键性的部门参与萃取工作坊，以此保证萃取的针对性和实用性，助力推动萃取在企业内的广泛应用。

3. 优先萃取哪些岗位或部门的经验

在考虑萃取哪些岗位或部门的经验时，可以着重考虑以下因素：

第一，对业绩影响比较大的部门优先萃取。以销售部门为例，销售是企业与客户直接接触的环节，新人是否熟悉销售流程、沟通技巧和客户关系管理对销售结果有着至关重要的影响。因此，可以将萃取销售部门的成功经验放在首位，如萃取客户开发策略、销售谈判技巧、售后服务流程等相关经验，为新人提供实用的指导和帮助，加速他们的成长和融入。此外，负责交付、服务的部门的经验与产品和服务的品质的关系也很紧密，萃取这些经验可以有效提高客户的满意度。

第二，人才瓶颈严重的岗位优先萃取。以制造业企业为例，其生产线上的关键岗位常常面临人才短缺的问题。这些岗位对于生产效率和产品质量至关重要，但要求员工具有熟练的操作技能和丰富的经验积累，因此，优先萃取这些岗位的操作流程、技能要点、故障处理等经验，然后进行培训和传承，对提升整条生产线的技能和效率水平至关重要。

第三，企业内部稀缺工种和岗位优先萃取。例如，在研发型企业中，负责企业技术创新和产品升级的高级工程师和标杆团队是稀缺而宝贵的资源，因为他们拥有丰富的研发经验和深厚的专业知识，因此，我们可以通过萃取这些标杆和高级工程师的研究方法、项目管理经验、技术难题解决方案等，围绕其成果进行内部培训和知识分享，提升整个研发团队的技术水平和创新能力。

除了以上因素，还可以考虑萃取那些具有创新实践或行业特色的部门经验。例如，在互联网企业中，负责产品的策划、设计和优化的部门通常具有高度的创新性和市场敏感性，而通过萃取他们的创新思路、用户研究方法和产品优化策略等经验，可以为企业的产品创新和市场拓展提供有力支持。

综上所述，通过综合考虑人才瓶颈、新人入职部门、稀缺工种和行业特色等因素，结合具体部门的实际情况和需求，可以有针对性地选择萃取经验的部门和主题。萃取的经验可以为企业的发展提供有力的支撑，促进企业的持续改进和创新发展。

02 —
聚焦业务目标，分析萃取和培训需求

在经验萃取项目中，聚焦业务目标并深入分析业务需求是至关重要的一步。只有明确了业务目标和需求，才能确保萃取的经验紧密贴合企业的战略方向，为业务的发展提供实际帮助。

1. 培训不要生产学习废品

《将培训转化为商业结果：学习发展项目的 6Ds 法则》一书中提到一个核心观点，如果管理者在学习项目中投入了人员、时间等资源，却没有看到任何改善，就会产生不满，这样的学习项目就是废品。更有甚者，一场失败的培训会严重影响业务部门参与、投资培训项目的积极性。

你有没有想过一个问题，在企业培训项目结束后，有多少学员能坚持运用所学的内容去改善绩效呢？

麦肯锡的研究发现，只有 25% 的企业经理认为培训和发展项目改善了业务绩效。当然培训师承认这个数据是他们乐观猜测的答案。

绩效的改善非常重要。如果培训对绩效改善毫无帮助，那培训部门就可能面临被遣散、裁员的局面。所以，6Ds 法则第一条就提出要清楚地界定学习项目为企业带来的预期结果。目标越明确，越容易设计出有效的战略，越有可能给企业带来良性发展。

很多人说现在的培训不好做了，要把培训部门转型成为一个绩效改进部门，培训经理面临的压力是前所未有的。确实，过去那种只负责需求对接、课程安排等事务性工作的培训部门能带来的价值微乎其微，而如果培训部门能通过经验萃取赋能业务部门，开展真正有效的培训支持，就能给业务带来直接的价值，放大培训部门的价值感，让培训部门真正成为业务部门的紧密合作伙伴。

2. 基于业务需求的培训没有工学矛盾

很多企业培训部门反映工学矛盾是个很突出的问题。很多业务部门非常抗拒参加培训，认为培训没有用、耽误时间。究其原因，在于企业不能提供有价值、可以直接赋能业务的培训内容。

只有紧紧围绕企业的业务需求，确保培训内容能直接服务于业务的需要，这样的培训才能既帮助员工提升与业务相关的技能，又确保员工听得起劲、用得有效，让培训效益大幅上升，工学矛盾自然不会产生。

每当我们帮助客户做基于优秀员工经验萃取的人才复制培训时，企业负责人总会惊讶地说，员工们非常投入，没有人迟到早退，就算接了电话也会快速结束通话，赶快回到座位上。他们认真听课、做笔记，和平时参加其他培训的状态完全不同，看起来很愿意去学。

这其实是因为培训内容直击员工的痛点，和业务高度关联，员工能从中学到公司内部优秀标杆的经验，可以让他们在平时的工作中少走弯路，这样一来，自然每个人学习起来都非常起劲了。

3. 聚焦业务目标，确定萃取主题

在每个萃取项目启动之初，我都会与客户深入沟通，去了解他们当前的核心业务目标，便于为后续的萃取工作指明方向，确保萃取的内容能够真正助力业务的发展。这些目标可能涉及销售额的提升、成本的削减、客户体验的优化或是产品质量的升级。

以销售为例，如果业务目标是通过精彩的现场讲座激发客户的购买欲望，那么我们的萃取目标就是形成一套标准化的讲座 PPT 和关键话术，让培训达到帮助其他员工熟练掌握这套 PPT 的讲解思路和关键话术的效果。

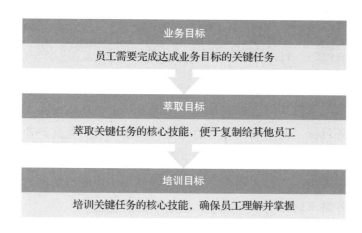

将业务需求转化为培训需求的过程要体现经验萃取的精准性和课题开发的针对性。这样，培训不再是孤立的，而是与业务目标紧密相连，形成了从业务需求出发，通过培训赋能，最终达成业务目标的闭环。

在理想情况下，业务目标清晰且实现路径明确，我们可以直接萃取具体任务的经验；但更多的时候，我们面临的情况要更为困难，可能业务目标明确，而萃取的主题却不够聚焦，此时，就需要我们与业务部门紧密合作，共同讨论、分析业务的核心需求，确保萃取的主题既符合业务目标，又具有实际的操作价值。

这部分需要萃取师具备很强的提问倾听能力、洞察能力，有几种方法可以帮助业务部门聚焦目标，澄清萃取的主题，具体内容将在后面的章节一一呈现。

03 ─
访谈聚焦法，帮助业务部门厘清萃取需求

我在萃取的交付实战过程中发现，绝大多数企业在谈论需求的时候，只能说清楚业务目标，对萃取目标却总是说得模糊不清。尤其是业务部门，只能描述自己的业务痛点或者业务目标，但不知道这个业务需求如何通过萃取来实现，或者提出的需求大而全。这时候就需要培训部门帮助它们进行诊断分析，把业务需求转化为萃取需求，确定萃取的主题。

1. 帮助业务部门做需求梳理

比如，一家运动品牌服装连锁企业希望提升新门店销售额，培训部门就需要帮助业务部门去厘清，到底这个需求是不是萃取可以解决的问题，应该萃取哪些经验以赋能业务。以下展示一个厘清萃取需求的过程对话。

培训经理：现在出现了什么问题？

区域经理：新开门店的营业额不达标。

培训经理：你的目标是什么？

区域经理：这个月内让 2 个新开门店的营业额达标。（业务目标）

培训经理：那解决这个问题的关键点是什么？

区域经理：营业额要达标，就要做好进店、购买、复购、转推荐。（比较宽泛）

培训经理：那目前你的问题出在哪里呢？

区域经理：目前都是问题。（比较宽泛）

培训经理：哪个问题比较突出呢？（聚焦主题）

区域经理：目前客户进店的问题比较突出。我们的门店一般开在商场，但是商场现在客流量一般。

培训经理：这个问题是客观原因还是主观原因？（聚焦问题）

区域经理：有主观原因也有客观原因。有的新店位置比较偏僻，但是位置不好也不能作为业绩差的理由。有些新店位置也不算好，但是业绩做得很好。我想总会有办法能够解决这种困难。

培训经理：那公司内部有没有业务标杆，在这个问题的解决上他们表现怎样？你能否举个例子呢？（询问内部是否有标杆）

区域经理：我们公司有一个门店就开在了五楼，位置并不好，但是这个门店的业绩挺好的。

培训经理：那你了解他们是怎么做的吗？（了解标杆做法）

区域经理：因为这个门店位置比较高，平时来的人比较少。但是他们通过做社群的方式来留住客户，会邀请购买过的客户成为会员，通过和店长加微信后邀请进群的方式搭建私域，群里会通知上新消息，店铺或商场有折扣活动时会贴心附上购买攻略，群里还会时不时发布产品相关介绍，用社群裂变的方式组织一些爆款的社群团购，最近他们也紧跟短视频潮流，做过几场直播，都取得了不错的效果。

培训经理：那你认为这个门店的成功因素是否可以复制？（评估能否复制）

区域经理：我觉得可以，这个做法其实大部分门店都可以推行，线下门店要主动和客户互动建立信任，就算客户没时间来，但是总有时间去光顾你的微信群或朋友圈，这就实现了触达用户，增强客户黏性的目的。

培训经理：所以你认为，这个门店的社群营销方法是引流转化的一个有效手段，对吗？我们可以把它列为一个萃取主题吗？（聚焦主题）

区域经理：对的，我认为可以。

> **培训经理**：那我们明确下萃取主题是"如何通过社群营销提升门店业绩"，萃取的对象是这个优秀门店的店长，您认为可以吗？
>
> **区域经理**：很好。

这样一番梳理，帮助业务部门厘清了自己的目标、主要挑战，以及可萃取经验的内部标杆资源。

2. 访谈聚焦法的逻辑拆解

你认为上述区域经理和培训经理的对话的逻辑是什么？我总结下来是一个三段论。

第一，帮助业务部门聚焦问题。因为这个环节的目的是聚焦问题，所以我通常会问对方：你的目标是什么？你解决问题的关键点是什么？以此帮助他厘清自己的思路。如果问题很多，就问哪个是你的薄弱环节，或者最希望改善的环节。

第二，探讨是否能通过经验萃取解决。这一步主要是进一步确认内部是否有人解决过这个问题，如果有，请对方举例说明，并判断经验是否可复制。具体的话术可以参考下面的内容：这个问题产生的原因是什么？是客观原因还是主观原因？能否通过学习他人的经验来解决？如果可以的话，再问目前在团队内部有没有业务标杆，他们是怎样做的，举个例子说明。

第三，聚焦萃取的主题和对象。和业务负责人确认本次的萃取主题和萃取目标，以及萃取的对象，以便有的放矢。

综上，确定萃取主题非常重要。在大企业的萃取实战中，确定萃取主题往往比较复杂，可能涉及多个员工，多个场景，因此还会涉及除访谈法之外的其他方式，包括业务价值链分析法、问题场景共创法、业务流程梳理法等，下面我会通过案例来和你分享具体的实操过程。

04 —
业务价值链分析法，确定萃取主题

要让萃取真正赋能业务，需要萃取师有很强的逻辑思维和诊断能力去帮助客户梳理业务价值链，明确到底哪些经验对于业务来讲至关重要。

1. 萃取主题调研

下面分享一家全球知名的高端咖啡机品牌的萃取选题案例。这家公司拥有一批出色的门店销售员，他们拥有丰富的经验，如何有效地萃取这些经验，特别是与门店业绩增长直接相关的经验，成为迫切需要解决的问题。

如果没有厘清到底要萃取哪些经验，就盲目开展经验萃取工作坊，现场会出现忙乱，萃取可能无法做到有的放矢，不能保障萃取成果具备针对性和有效性。而对于要萃取什么经验这个问题，业务部门负责人和培训部门都不能清晰地回答。

于是我建议在做萃取工作坊之前，先做一场选题工作坊。

做选题工作坊的目的不仅在于梳理业务价值链，更在于与业务骨干包括标杆级导购共同深入挖掘那些能够真正推动业绩增长的经验。我们精心挑选了那些对业务有深刻理解，且能够洞察业务增长关键点的标杆，包括区域销售负责人、业务培训经理，以及排名前 5% 的销冠来参加工作坊。

在工作坊开始前，我们下发了一套问卷，请全体销售人员来参与萃取选题的提案调研，核心的问题包括：

销售和服务中，最让你觉得困难和苦恼的是什么？

请描述一个你的成功销售案例，并详细说说顾客的情况和具体过程，包括你是怎么做到的。

你对此次培训有什么期待？最希望得到什么样的帮助？

调研中会发现很多共性的问题，而有些标杆已经解决了这些问题。通过这些问卷收集的结果，我了解了一线销售人员面临的核心问题和挑战，获取了一线员工的痛点，通过他们分享的成功案例，我也挖掘了他们的优秀做法。

2. 分析业务价值链

在工作坊开始前，我首先通过一系列的逻辑分析和数据梳理，明确了业务目标及关键指标。我们深入探讨了销售额、客流量、转化率以及平均客单价等要素的重要性，揭示了它们之间的内在联系和对业务增长的影响。这一步骤让我对业务有了更为全面和深入的理解。

我梳理了门店的销售额公式：

门店销售额 = 店面客流量 × 转化率 × 平均客单价

店面客流包括新客客流和老客客流，新客客流又可以分成主动进和被动进两类。主动进的构成一般为：信息触达进与老带新进，而老带新取决于老客户数量和开口率，开口率是销售人员开口请老客户带新人的比率。老客客流又包括客户自己来的和被客户邀约来的，其中邀约到店数又取决于打了多少个会员电话以及邀约的成功率。

萃取师只有在对客户的业务模式非常了解的情况下，才能帮助客户准确判断哪个部分的经验最具有价值。因此我用同样的方法，继续拆解了转化率指标、平均客单价指标。

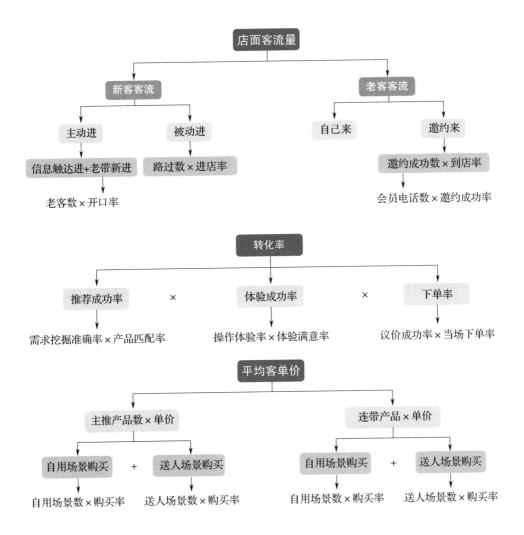

3. 开展萃取选题工作坊

参加选题工作坊的包括管理者和少数优秀销售人员，总计 10 余人，并没有覆盖所有需要萃取经验的标杆。因为选题工作坊最主要的目标是聚焦主题，通常来说管理干部和核心骨干共同参与就可以完成选题任务。

第一步，我先引导标杆们一起分析这套业务价值链，取得大家的认可。这个过程让这些标杆很震撼，虽然这些是他们自己平时就在做的事情，但是从来没有这么系统地梳理过。

基于对价值链的分析和标杆达成共识，是非常重要的。因为这相当于帮助标杆厘清了思路，确保萃取的主题紧扣业务目标，能够对业务产生价值，赋能业绩增长。

第二步，我引导标杆讲述他们销售经历中的高光时刻，主动分享那些成功的经验和做法，同时，也鼓励大家坦诚地提出在业务中遇到的与业务价值链紧密相关的问题和挑战。

在梳理和讨论的过程中，我们梳理了业务当前的亮点和挑战。亮点是我们在销售过程中的成功经验和做法，而挑战则是我们需要重点关注和解决的问题。这个过程需要一定的引导技巧，帮助标杆达成共识，把可复制的亮点和需要解决的共性问题分别做合并同类项，再通过投票选出最需要解决问题的关键场景。

第三步，再回顾这些关键场景，与业务价值链进行对照。我们将这些经验主题进行提炼和整理，以"如何/怎样……"的句式进行定义（见下表）。我们选出一些具有代表性的主题，这些主题不仅是业务的刚需和高频痛点，而且直接关乎业绩的增长。这些主题的确定，为我们后续的经验萃取和培训工作指明了方向。

序号	任务名称	关键场景	问题或挑战	内部是否有优秀标杆
		（通过××方式，做××事，达成××效果）	［在开展××工作中，由于缺乏××知识（技能），导致出现××问题，造成××结果］	（内部标杆人选）
1	如何促成连带销售	在已经购买产品的情况下，如何让客户购买同品牌的其他产品	在促进客户购买连带商品时，缺乏促成连带销售的技巧，导致成功率较低	张三丰/李四广
2	如何影响客户的购买决定	客户对产品、价格犹豫不决时，如何促进客户快速下单	客户在犹豫不决时，导购缺乏临门一脚的成交话术	王小红/李晓明
	……	……	……	……

通过这次选题工作坊，我们成功地梳理出与门店业绩增长直接相关的几个经验主题，为后续的经验萃取和培训工作奠定了坚实的基础。这一结构化的解决方案不仅解决了他们在经验萃取方面的困惑，也为他们提供了一个清晰的萃取目标。

05 —
问题场景共创法，达成萃取共识

上一节讲述了如何采用业务价值链分析法进行萃取主题的梳理，这对零售型公司是非常有帮助的。但那些需要改善服务体验的公司很难使用业务价值链分析法。

针对需要改善服务体验的公司，接下来我用一个案例来说明如何找到服务中的共性问题，并且通过萃取优秀员工的卓越客户服务经验来提升客户满意度。

1. 如何找到共同的问题场景

这个案例的主角是一家全球性的咨询服务公司，主要为企业提供行政、人力资源等方面的服务。有一次，这家公司的人力资源部门负责人找到我，希望我带领团队来解决公司遇到的难题。

公司的客户总经理讲到，目前接到很多客户的投诉，并且客户撤户的情况也很多。由于该行业面临激烈的竞争，公司高层希望通过创造卓越的客户服务体验来提升客户的满意度，打造在行业内首屈一指的口碑，获得更多客户。

提升客户体验的问题迫在眉睫，而我们面临的挑战也不小。首先是目前市面上的客户服务课程多数与公司的业务场景不相匹配，提升客户服务体验的解决方案只能从公司内部进行挖掘、输出。我们很快列出了两个必须要解决的主要难点。

第一个是客户服务体验是一个比较虚的概念，公司对影响客户服务体验的痛点问题究竟有哪些也没有现成的结论。客户高层只能举例说明，但是无法归纳总结到底哪些问题影响了客户服务体验。

第二个是每个部门都认为自己的服务产品与其他部门的不同，影响客户服务体验的问题不一样，担心萃取出来的成果不能应用到其他部门。尤其是对于那些业务场景多样化、部门间差异明显的公司，如何找到共性的客户服务痛点、萃取并推广卓越的服务经验给我们带来了不小的挑战。

尽管企业的目标是很明确的，就是要提升客户服务体验，但具体要怎么做还需要我们的团队发挥智囊团的作用。

我们首先要解决的问题是找到各部门在客户服务体验提升中的痛点，梳理出各部门的一些共性问题，因此我要求各部门选派业务标杆前来参与客户服务体验问题场景梳理工作坊。

2. 问题场景梳理工作坊

第一步，回顾高光时刻。在工作坊中，我先请每位标杆回顾自己被客户认可的高光时刻。比如，曾经被客户发邮件表扬或者客户请自己喝了一杯奶茶等。通过这个环节让标杆分享因为提供卓越服务而被认可的欣喜感受，让更多人认可卓越服务对公司和个人的意义。

第二步，回顾灰暗时刻。这次要回顾的则是自己或部门曾经被客户投诉的事件，客户投诉的问题核心是什么，以及当事人或自己的内心感受。我请标杆们思考如果这样的问题不解决，可能会带来什么样的后果。大家的分享让人特别感动，比如会让客户很失望，当事人很沮丧，同事会产生不满情绪，影响团队协作等。

第三步，对问题场景进行定义。在标杆们分享了客户服务体验中的负面案例后，我带领大家对引起客户投诉的原因进行分类，并且将其总结为"客服人员变动带来的一致性问题""不能顺利交付时的客户告知问题""在我司客服人员变动时，因为前后任客服交接不到位，客户需要与新任客服重新打交道、磨合困难，导致客户体验感受不佳，产生投诉、不满等问题"等。

通过这个阶段的工作，我们带领各部门的标杆共创研讨，梳理出影响客户服务体验的若干问题场景，我们这才发现原来这些问题场景具有高度的共性。

客户高管对这些问题场景的梳理成果非常认可，认为梳理出了目前服务中的典型问题。

确定了关键场景，下一步就可以选定标杆进行经验萃取了。

我一直强调，萃取经验一定要有的放矢，不要乱开枪。标杆的时间、精力非常宝贵，不要盲目做萃取；如果萃取的成果要应用于全公司，也不要依赖个别标杆的提案。

如果没有做这次工作坊，如果公司上下没有对这些服务问题场景达成共识，后面的萃取工作就无法顺利开展，萃取成果的推广复制也会面临很大的问题。这个案例在萃取环节的详细做法，将在后面讲述。

06 一
业务流程梳理法,聚焦关键场景

在企业的经验萃取过程中,我们会发现某些业务并非孤立的事件,而是基于一套复杂且相互关联的流程展开的。在这种情况下,我们不能盲目地深入到每个细节中去萃取经验,而是需要站在更高的高度,对业务流程进行整体的梳理。因为只有清晰地掌握了业务流程线,我们才能准确地找到关键节点上的任务场景,保证萃取的成果既全面又深入。

1. 先框架:业务流程梳理

对于那些业务流程尚不清晰的公司来说,经验萃取的第一步应该是进行流程的梳理。这是因为只有在业务流程清晰明了时,我们才能准确地识别出其中的关键节点和潜在问题,进而找到改善问题的有效方法。

例如,某家物流公司的业务是给行业的大客户提供整体性的物流解决方案,主要客户涉及电商、汽配、医药等多个领域,但业务需求都是提升销售队伍的大客户成交能力。针对这种情况,如果只是笼统地做一场大客户销售经验的萃取,得到的成果会非常散乱,而且浮于表面,无法带来实际价值。

所以我先要了解企业的大客户成交流程,如果企业没有做过总结,那就要通过问卷调研或者访谈,来梳理一张大客户成交流程和关键节点清单。

通过对不同业务标杆进行访谈,我发现他们的业务流程是相似的,基本都离不开客户需求调研、物流方案设计、项目方案汇报、投标、签约等步骤。

这项工作以工作坊的形式开展也是可以的，因为可以带领业务标杆进行讨论共创，现场确定要重点萃取的主题。在做工作坊之前做访谈的好处是可以提前聚焦萃取的重点，提前让标杆对萃取的主题进行充分准备后再提交一些与萃取相关的案例或者关键素材，节约现场时间。

2. 后细节：关键场景萃取

在业务流程梳理清晰之后，我们就可以基于大客户成交流程来关注关键场景了。关键场景是指对业务流程具有重要影响、能够体现服务质量的特定环节或任务。而通过萃取关键场景中的经验，我们可以更加精准地找到关键点。

比如在这家物流公司里，我们通过梳理流程，请大家投票确定了一个关键业务场景。筛选关键业务场景的三个原则分别是刚需、高频、痛点。

刚需：确保选题紧密结合公司业务的实际情况，是岗位必备的、一定会用到的经验，需要具有高度的实用性和针对性。

高频：选择那些在未来工作中会频繁出现、重复使用的经验，这样的经验具有更高的价值。

痛点：紧紧围绕当前业务的难题和挑战确定选题，这样萃取的经验能够解决实际问题，提高工作效率和业绩。

大家一致认为，针对大客户的物流解决方案设计是所有大客户成交中的关键场景。这个问题如果解决了，就能够极大提升项目的中标概率。但是不同客户的方案又是千差万别的，因此我们将客户划分成四个类别：汽配、医药、电商和生鲜。

萃取的成果目标物，就是一套基于客户类别的物流方案设计方法论，这样做能够对标杆按照客户类别进行分组，提高萃取和研讨的针对性。

　　总结一下，在萃取业务流程中的经验时，业务流程梳理和关键场景萃取是两个不可或缺的步骤。通过梳理业务流程，我们可以清晰地掌握业务的整体框架和关键环节；而通过萃取关键场景中的经验，我们可以找到提升服务体验的关键点和方法。只有将这两个步骤结合起来，我们才能确保经验萃取的成果既全面又深入，为企业的发展提供有力的支持。

　　本章系统地讨论了如何确定对业务发展有实际价值的萃取主题，阐述了帮助业务部门厘清需求的过程，这要求萃取师理解业务逻辑，把握实现业务目标的关键挑战，并确定萃取的主题、范围和边界。

　　在定好了萃取主题之后，接下来就要筛选企业内的业务标杆。业务标杆是企业宝贵的人才资源，内生式的人才培养是一种不依赖外部招聘和培训，以内部标杆为核心，萃取经验以培养人才的方式，对企业有着极大的价值，下一章和你详细分享。

本章思维导图

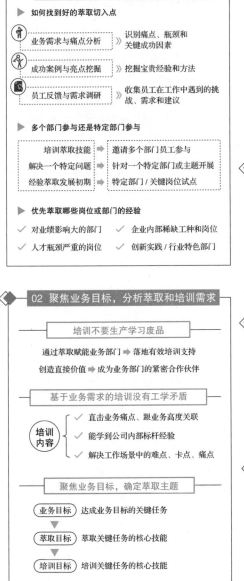

01 企业的经验很多，到底萃取哪些

▶ 如何找到好的萃取切入点

- 业务需求与痛点分析 》 识别痛点、瓶颈和关键成功因素
- 成功案例与亮点挖掘 》 挖掘宝贵经验和方法
- 员工反馈与需求调研 》 收集员工在工作中遇到的挑战、需求和建议

▶ 多个部门参与还是特定部门参与

- 培训萃取技能 — 邀请多个部门员工参与
- 解决一个特定问题 — 针对一个特定部门或主题开展
- 经验萃取发展初期 — 特定部门 / 关键岗位试点

▶ 优先萃取哪些岗位或部门的经验

- ✓ 对业绩影响大的部门
- ✓ 企业内部稀缺工种和岗位
- ✓ 人才瓶颈严重的岗位
- ✓ 创新实践 / 行业特色部门

02 聚焦业务目标，分析萃取和培训需求

培训不要生产学习废品

- 通过萃取赋能业务部门 ➡ 落地有效培训支持
- 创造直接价值 ➡ 成为业务部门的紧密合作伙伴

基于业务需求的培训没有工学矛盾

培训内容
- ✓ 直击业务痛点、跟业务高度关联
- ✓ 能学到公司内部标杆经验
- ✓ 解决工作场中的难点、卡点、痛点

聚焦业务目标，确定萃取主题

- 业务目标 达成业务目标的关键任务
- 萃取目标 萃取关键任务的核心技能
- 培训目标 培训关键任务的核心技能

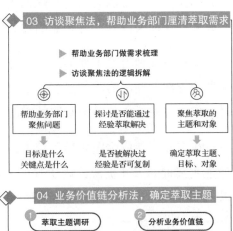

03 访谈聚焦法，帮助业务部门厘清萃取需求

▶ 帮助业务部门做需求梳理

▶ 访谈聚焦法的逻辑拆解

- 帮助业务部门聚焦问题 → 目标是什么 关键点是什么
- 探讨是否能通过经验萃取解决 → 是否被解决过 经验是否可复制
- 聚焦萃取的主题和对象 → 确定萃取主题、目标、对象

04 业务价值链分析法，确定萃取主题

1 萃取主题调研 — 提前开展选题工作坊
2 分析业务价值链 — 明确业务目标及关键指标
3 开展萃取选题工作坊

- 业务价值链分析达成共识
- 回顾高光时刻提出问题和挑战
- 回顾关键场景与价值链对照

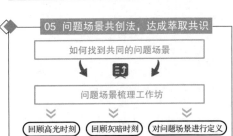

05 问题场景共创法，达成萃取共识

如何找到共同的问题场景

问题场景梳理工作坊

- 回顾高光时刻
- 回顾灰暗时刻
- 对问题场景进行定义

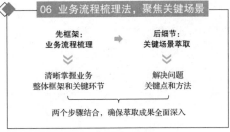

06 业务流程梳理法，聚焦关键场景

先框架：业务流程梳理 ➡ 后细节：关键场景萃取

- 清晰掌握业务整体框架和关键环节
- 解决问题关键点和方法

两个步骤结合，确保萃取成果全面深入

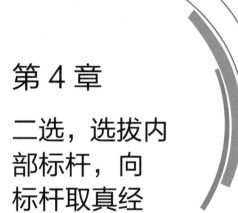

第 4 章

二选，选拔内部标杆，向标杆取真经

01 一
为什么内部人才培养方式更有效

近 30 年来，从管理学大师风行一时，到企业自建商学院如雨后春笋，再到经验萃取技术的广泛运用，我见证了中国企业培训行业的发展之路。

1. 培训从理念型到实战型的转变之路

20 世纪 90 年代，企业培训主要以管理学教授和商学院为主导，他们为企业带来了丰富的理论知识和前沿的管理理念。那个时代出现了以余世维等为代表的知名讲师，培训内容也确实让人耳目一新。

随着时间的推移，企业逐渐发现，外部的培训课程并不能完全满足其实际需求，大部分外部培训课程过于理论化，产生了与企业的实际情况脱节的问题，难以真正落地实施。

在企业培训界流传着这样一句话：听听激动，想想感动，回去一动不动。这也反映了培训中存在"一时热闹"的问题，简单来说就是员工参与培训很积极，将培训成果落实为行动却非常困难。核心原因是什么？还是因为学习场景和使用场景严重脱节，在课堂上听老师讲的理念和方法，和企业的实际情况大相径庭，那些灌输进脑子的方法可以改变员工的认知，但是无法改变员工的行动。

2010 年前后，企业内部学院进入了蓬勃发展的阶段。企业内部学院是企业为了培养符合本企业业务发展需求的专项人才而设立的组织。为了紧扣企业内部的业务目标，企业培训的方向开始向"有效落实"前进，在这个过程中，很多实战型企业大学（现在改名为培训中心）出现了，提出培训要"上接战略、下接绩效"，引领了培训行业的思想变革。

2012 年前后，案例教学法开始在企业培训中崭露头角。一些大型企业，如华为、平安等，开始重视挖掘内部优秀经验，通过萃取绩优员工的经验，为其他员工提供实用的学习案例。这种方式不仅实现了智慧共享和互相赋能，还使培训更加贴近企业的实际情况。人们把这种方法论叫作经验萃取技术。

随着培训行业的快速发展，经验萃取技术逐渐受到重视。在国内几位顶尖培训师如孙波老师的引领下，经验萃取成为一门独立的课程。许多老师在经验萃取领域都有自己独特的代表作和方法论，为这一技术的发展注入了蓬勃的生命力。值得一提的是，经验萃取的概念并非源自国外，而是中国本土原创的智慧结晶。

2. 为什么内部人才培养更经济高效

企业有两种获得人才的基本方式，一种是直接面向外部招聘具备胜任力的员工，另一种是通过内部的人才培养机制，培养具备胜任力的员工。

外部招聘不但成本高，有时候也很难做到拿来就能用，因为外部招聘的人才容易"水土不服"，需要在企业内部进行磨合。磨合的难度越大，人才流失率就越高，而频繁的人员流动，也会给企业带来很多不利的影响。

相较而言，构建企业内部人才培养方式更为经济高效。通常这种模式是指企业通过对内部资源的深度挖掘和利用，帮助员工提升能力和素质。它更注重从企业内部发现、总结和推广优秀的经验和做法，以案例分享、经验交流等形式，将优秀员工的智慧转化为企业的共同财富。

这种模式具有很明显的优势。

首先，能够激发优秀员工的分享动力，通过让员工主动走上讲台，分享经验，提高员工的学习热情和参与度。

在这个过程中，分享经验的员工的优秀做法被广泛地保留下来，比如被评为优秀的实践案例，这会给员工带来成就感，而成就感会进一步激发他们的工作热情和创新能力。除此之外，企业内部也会建立人人分享、人人受益的文化氛围，带来良性循环。

能否感受到自己在企业中的价值和影响力对于新生代员工来说非常重要，想要带动这些年轻人，光靠简单的利益驱动已经行不通了。企业要能看见、认可他们的价值，才能真正赢得这些员工的心，让他们产生对企业的归属感。

其次，培训内容更加贴近员工的实际工作场景。场景是促进学习迁移非常重要的因素，场景的相似度，决定了学以致用的速度。

举例来说，平安集团是案例萃取的深度受益者，已经连续多年开展案例萃取工作。最初平安集团筛选了一批核心员工作为萃取的对象，通过访谈、观察等方式，深入挖掘他们在工作中的优秀经验和做法。这些经验被整理成案例，放入后续培训的课件中，让其他员工学习优秀同事在面对类似问题时的具体做法，以便在工作中能够马上运用，产生绩效。可以说从学习到运用零距离，所以平安集团的案例萃取形成了传统，已经连续做了十几年。

最后，内部员工学会经验分享，也能为企业节约大量的培训成本。因为内部员工讲的课操作性更强，更受员工的欢迎，这将降低企业对外部培训的依赖，减少外部培训的采购量。

当然，经验萃取也存在一定的局限性。例如，过度依赖内部经验可能会导致企业缺乏外部实践的最佳视角。当然，在内部经验足够丰富且质量较高的情况下，可以一定程度地减少这种局限性。而要想丰富和完善自身的经验库，企业可以通过与外部专家或机构进行合作来引入新的理念和方法。

　　内部优秀员工的经验是企业的宝贵知识资产，对他们高绩效背后的思维和行为模式、成功路径、核心价值观，企业一定要加以重视，并且充分有效地帮助优秀员工开发这些经验、运用好这些经验，帮助每个员工找到自己的价值感，帮助他们把自己的价值放大，与企业共享发展的成果。

　　那么问题是，怎样发现员工身上的优秀经验，如何知道员工的经验到底有没有价值，怎样激发优秀员工毫无保留地把自己的经验分享出来呢？

02 —
选取标杆的三种方法

第 3 章讲到，从业务需求到培训需求的转化是确保培训效果的关键一步。一旦培训需求明确，选择合适的标杆并分享他们的经验就变得尤为重要。下面我将详细讲解三种选取标杆的方法。

1. 数据筛选法

方法：通过收集和分析业务数据，识别出那些在关键业务指标上表现优异的员工。这些数据可以包括销售额、客户满意度、项目完成率等。

优势：数据筛选客观、公正，能够直接反映员工的业务能力和绩效。

这种方法一般适用于规模非常大的企业，它们在全国各地设有分公司，而且员工人数众多，对这类企业需要筛选出业务能力排名前 5% ~ 10% 的员工。

比如，某个客服中心的业务需求是提升咨询电话的结案率，那么就可以根据这个指标寻找结案率最高的一批员工。如果某电商企业想提升客户的复购率，就需要通过数据筛选出复购做得最好的员工。

企业可以用第 3 章讲的几种方法定义出关键任务和关键指标，而后通过筛选相关指标选出相关的优秀员工。

注意：采用这种方法需要确保数据的准确性和完整性，以及指标设计的合理性，避免因为数据偏差而误选或漏选合适的标杆。通常这种方法不单独使用，还需要结合主管的意见和反馈，避免数据中包含一些偶然性因素或经验具有不可复制性。

2. 主管推荐法

方法：由各部门的主管推荐团队中表现优秀的员工，因为这些主管通常对员工的工作表现、能力和经验有着深入的了解。

优势：主管推荐法能够考虑到员工的综合素质和潜在能力，不局限于业务数据。

注意：要避免主观偏见和裙带关系的影响，确保推荐的公正性和客观性。

主管推荐法和数据筛选法可以结合使用。因为数据筛选法的缺点在于不能告诉我们关于标杆本人的一些软性信息，比如标杆是否愿意主动分享这些经验，别人来请教的时候，他们是藏着掖着，还是大大方方地分享？而主管刚好对标杆的个性、价值观、能力特点比较了解。两者结合就能选出合适的标杆人选。

如果业务团队规模比较大，就需要从庞大的人才队伍中挑选可萃取的对象，此时可以设定不同的标准，比如要具备高绩效、高意愿、表达能力强等要素，尤其是标杆应具备较强的结构化思考和表达能力，这会使得经验萃取的过程事半功倍。

3. 案例筛选法

方法：通过收集和整理员工在实际工作中的案例，筛选出那些具有代表性的、成功地解决了问题或取得了显著成效的案例中的员工。

优势：案例筛选法能够直观反映员工在实际工作中的能力和经验，准确发现那些具有创新思维和解决问题能力的员工。

注意：确保案例的真实性和完整性，避免因为案例的质量问题而影响对员工的评价。

案例筛选法能够直观地反映员工的经验价值、对案例的实际参与深度、亮点做法、经验的可复制性。

举个例子。我曾经帮一家大型企业操盘内训师选拔项目，因为是选拔第一届内训师，报名的人非常多，那怎么筛选优秀的员工，确定有价值的培训课题呢？企业负责人希望不要先定死主题，而是让员工有什么绝活都先亮出来，然后再筛选合适的内训师和课程主题。

我想了一个办法。先给每个人下发一份案例底稿，然后进行案例的初步筛选，从中选出书面表达能力强、逻辑思维严谨、案例价值高、用心程度高的案例底稿。最终我们从 200 多份案例中筛选出 100 份，然后举办了一场故事会，请入选的每个员工用 5 分钟讲自己的故事。这场活动考察了员工的口头表达能力、逻辑思维能力、经验含金量和台风形象。

整个过程由现场评委共同打分，保障了结果的客观性。而最终事实也证明了这种方法的有效性，因为培训课题非常实用，选出来的内训师质量非常高，内训师上课率达到 90%。后来这家企业成为内训师项目打造的标杆企业。

在实际项目操盘中，可能三种方法都会用到，既要看员工的数据，又要结合主管的推荐，还要经过案例的考察，要根据项目的复杂程度和实际情况来决定。

03 —
如何验证标杆经验的价值

选好了标杆，验证标杆经验的价值就成了确保培训质量和效果的关键步骤。如果未经验证就盲目地接受和传播标杆的经验，可能会导致错误的经验被广泛传播，甚至产生负面的结果，这对企业的发展和员工的成长都是极为不利的。

那么，如何验证标杆经验的价值呢？我通常采取以下措施。

1. 请标杆提交萃取主题相关的资料

第一类，成功案例。

运用故事会的形式选拔内训师给了我很大的启发，在那之后只要召开以萃取为目的的培训会，我都会先请标杆提交与主题相关的案例底稿，以便我从实际案例中分析标杆的思考过程、解决难题的思路以及经验的原生性。

案例比调研问卷更加生动和有故事性，员工写的是自己在做的真实的事情，因为了解，所以书写过程中思路也会非常顺畅。

通常我请标杆提交的案例底稿（见下表）。通过这种方式，我可以判断标杆的经验是否与萃取主题相关，是否是他们自己的实际操作经验，以及是否展现了他们的思考和分析能力。

比如，在做客户服务体验提升的案例中，尽管内部主管推荐了标杆名单，但是要想从萃取的角度判断其经验是否真正具有可复制性，我还通过请每位标杆根据自己被分配到的萃取主题分享相关成功案例的方式来判断他们经验的价值，以及是否有和萃取主题相关的亮点经验。

案例标题	
背景信息	时间、地点、相关人物，面临的任务等信息
问题冲突	具体问题症结、现象的描述（请列出三个主要问题）
内心选择	当时我的内心的选择
解决过程	我是分成几个步骤做的 1.××× 2.××× 3.×××
结果	
反思	总结这件事情，我觉得做得好的地方是……有待改进的地方是……

第二类，业务资料。

要提交哪些业务资料取决于萃取主题的深度和复杂性。比如，在会销萃取案例中，企业的萃取需求是帮助两位标杆总结自己的会销经验，形成一套可复制的会销流程和话术。

萃取师在萃取之前，需要对标杆的经验有足够充分的了解，才能更准确地在萃取之前抓住核心亮点，所以我请两位业务标杆提交了案例、平时做会销的现场录音和会销现场用到的 PPT，为后续萃取厘清关键思路，并且整理出访谈提纲，以便向两位业务标杆进行提问。

有一次，我们访谈的对象是一家世界 500 强啤酒企业的经销商老板，这位老板在所有的经销商中常年业绩排名第一，并且每年的业绩还在稳定增长，可见他对于怎么做啤酒经销自有一套独特的方法。该企业在开展内部调研后，对于这位老板具体是怎么做到的始终没有一个定论。

对于这种访谈对象级别很高的情况，就不太可能采取让萃取对象写案例的方式，所以我们能做的就是通过收集业务资料，包括过去的报道、内部的讲话稿等，做评估和判断，找到其中的亮点。

2. 评估标杆经验的价值

收集了案例和资料之后，需要培训部门、业务部门等各方共同参与，对案例质量进行细致的评估。这样的评估过程有助于筛选出真正有价值、可操作的标杆经验，从而确保培训内容的实用性和有效性。在评估案例质量时，可以考虑以下四个关键维度。

第一，相关性。案例与当前组织目标、业务需求及培训主题的相关性是评估其价值的重要前提。一个高度相关的案例能够直接针对当前面临的问题或挑战提供解决方案，从而增强培训的针对性和实效性。在评估时，应检查案例内容是否与组织的发展目标、业务战略以及员工的能力提升需求紧密相关。

第二，实用性。实用性是衡量案例质量的基础标准。一个具备高度实用性的案例，应当能够直接应用于实际工作中，解决具体问题或提升工作效率。具体而言，它应该包含明确的操作指南、可量化的成果指标，以及实际操作中可能遇到的挑战与应对策略。在评估案例的实用性时，需要关注案例背景是否贴近实际工作场景，解决方案是否切实可行，以及案例成果是否可验证。

第三，可复制性。可复制性是评估案例质量的首要因素。从一个优秀的案例中提取出来的经验或方法应该能使得其他人在相似或相同的资源条件下达成相似或相同的结果。如果某个案例的成功高度依赖于特定的条件或个人的特质，那么这种经验就难以被其他人复制，在可复制性低的情况下，经验的价值也将大打折扣。因此，在评估过程中，需要仔细分析案例中的操作方法和条件，判断其是否具备可复制性。

第四，创新性。创新性是评估案例质量的另一个重要维度。具备创新性的案例通常能够带来新的视角、思路和方法，有助于打破传统的思维模式，推动企业的发展和进步。在评估过程中，可以关注案例中是否有独特的解决方案、新的技术应用或前瞻性的思考，以此判断其创新性。

举个例子。通过资料收集，我们发现前文提到的那个经销商老板的亮点在于积极拥抱互联网，投资十几万元开发了小程序，解决了终端门店自主下单、结算的问题，效率大有提升而且公开透明，极大地增强了客户的黏性。除此之外，他设计了一套非常有效的对二级批发商的管理机制——分层分区管理模式，其销售激励政策设计得科学合理，既能保持二级批发商的活力，又能保障公平竞争。

那么你认为我们应该重点萃取什么经验呢？

如果从创新性来说，做小程序是非常具有创新性的经验，解决了行业的一个大痛点问题。但是这个举措对于其他的经销商来说不具备可复制性。因为投资大、需要有懂 IT 的管理者，其他经销商不一定完全具备这个资源和条件。

而一套对二级批发商的分层分区管理模式和销售激励政策的设计，是其他经销商在同等资源和条件下都可以做到的，因此这才是本次萃取的重点。

再举个例子，一家头部化妆品公司的导购，因为 2020 年春节期间客户无法到柜，销售量急速下滑，于是他们开通了线上直播频道，还摸索了一套直播卖美妆产品的技巧。

那这条经验的价值是什么呢？

近年来，互联网消费模式快速发展，小红书、抖音等互联网平台的用户活跃度得到了极大的提升。所以这条经验不但是一种创新，而且在未来消费场景中会得到高频应用，比如可以开通一个小红书账号、抖音账号，做直播带货，实现线上和线下的有效互动，这实现起来并不复杂，柜台的导购人员就可以完成。

以上是我们在萃取过程中常见的情况。

不过，有时候标杆的工作非常繁忙，提供的案例可能会存在写得过于笼统，或者有效的资料欠缺的问题，这就需要与其进行进一步沟通或寻求其他反馈来评估经验的价值。

总之，验证标杆经验的价值是确保培训质量和效果的重要环节。通过案例分析、可复制性评估和创新性关注等措施，我们可以有效地验证标杆经验的价值，为企业的发展和员工的成长提供有力的支持。

04 —

用同理心激励标杆分享经验

确定了标杆经验的价值后，接下来的重点是该怎么去激励这些员工。刚开始做萃取项目可能会不太顺利，他们可能推说自己没时间、没啥可说的，那该怎么让标杆员工愿意配合、愿意开口呢？这节重点解决如何激励标杆分享经验的问题。

1. 标杆不配合带来的挑战

其实在前面说的会销案例中，我们就遇到了一个典型挑战。标杆不理解萃取经验的意义是什么，包括标杆的主管，甚至连他们所在的上海分公司高管，一开始都不理解萃取经验的意义是什么。

因此最初他们的配合意愿并不强，当时两位标杆的回复是自己还有很多任务要做，没时间参与；他们的主管也说他们的工作安排得非常满，没办法安排；就连上海分公司的总经理也会觉得经验萃取对他们似乎没有什么好处，还要把分公司的经验拿出去分享给全国的销售人员。做了分享以后，别人都学会了，那上海分公司的业绩就很可能无法保持遥遥领先了。

针对这种不配合的情况，我曾经问过很多人如何去解决，他们给我的答案归纳下来无非是两种：要么是"威逼"，要么是"利诱"，究竟选择哪一种需要视具体情况而定。

有的人认为，分享经验是一件对自己不利的事情，比如传统观念里的"教会徒弟饿死师傅"，比如"要成为企业里不可替代的人"，一旦分享了经验，自己在企业里的稀缺性就被大大降低了；还有的人认为，标杆都很忙，让他们花很多时间为别人做贡献，就应该得到额外的回报。针对这种状况，很多企业会选择用激励的方式提高标杆员工的积极性，激励的方式包括精神奖励和物质激励。

2. 如何用同理心看见标杆的需求

只有标杆充分理解、积极配合，才能萃取到真正的经验，所以，我们首先要站在他们的角度思考萃取经验能为他们带来什么好处。

在上海分公司这个案例中，我也是这么处理的。首先去思考他们真的需要萃取自己的经验吗？这件事对上海分公司和标杆自己有什么价值吗？我们分别站在标杆和上海分公司的角度去思考，似乎有了答案。

首先，站在上海分公司的角度思考，理解他们好不容易出现了一对销售的标杆，希望多培养一些人才、多增加一些业绩。因为只有这样，当现有人员离职，也能将保留下来的经验教授给新员工。

其次，站在标杆的角度思考。他们本身其实也烦恼于经常性、重复性的销售工作。会销工作的性质决定了他们没法请假，而重复的工作做得多了以后就容易丧失热情。当他们的经验被萃取出来以后，就可以用来带出团队，也就有可能让自己来更上一层楼。此外，他们也需要在公司内部打造个人品牌，如果能够在全国销售人员会议上分享经验，本身也是一种荣誉。

当我们运用同理心分别与上海分公司高管和两位标杆进行沟通，我们发现了他们的内在需求。在向他们充分讲解了萃取经验的意义和价值后，终于得到了他们对本次萃取工作的认可。他们从原本的极力推脱，变为期待和支持。

但这样并不意味着完全扫清障碍了，因为通常他们还是会有其他的顾虑，下面详细讲解。

3. 如何打消标杆的顾虑

其实标杆在接受萃取之前，内心有很多的顾虑和担心，这些都是需要充分考虑的因素，只有让他们完全卸下顾虑，全身心地参与到萃取过程中来，完全地敞开心扉，我们才能完成高质量的经验萃取。

第一种，标杆担心做分享花费的时间过多。标杆的工作非常繁忙，这种情况下，我们可以考虑提供上门服务，比如采取一对一的访谈式萃取，而整理萃取成果、制作课件的工作就可以让培训部门或者业务新人去做。

第二种，标杆不知道讲什么。这种情况下，我们要告诉标杆，在经验萃取的过程中我们会提供什么帮助。比如我们会给标杆安排萃取访谈的专家顾问；访谈的时候，只需要根据老师的引导回答问题就可以了，并告知所需时间，方便他们安排其他的工作。

第三种，标杆害怕上台做分享，觉得自己不会讲，也不会教别人。这就是我一直强调的，不是每个人都愿意讲课的，我们也不要期待把每个标杆都培养成讲师，他们能够把经验分享出来就可以了。在分享经验的时候，可以采用双师的模式，就像我前面讲过的，让标杆员工只负责输出他的经验，教学环节的实施可以由其他的培训主管或者内训师来完成。

做了几百家公司的萃取之后，我在选择标杆这一环节的感受是：

第一，大多数标杆员工对支持公司发展都抱有善意和期待。很多标杆员工都是和公司共同成长起来的，对公司很有感情，他们很愿意毫无保留地分享自己的经验，十分清楚大河无水小河干的道理，认同只有公司发展壮大了，个人才能水涨船高，实现更好的发展。

第二，分享经验对标杆是很有价值的，萃取的成果是对标杆最好的回报。我已经在课堂和访谈中反复验证过，每次萃取结束的时候，标杆都会由衷地说"谢谢你的萃取方法，让我有机会停下来梳理了自己的经验""这次萃取的成果可以直接用到我以后的工作中、团队成员的带教中"这样的话。

所以，在开展企业内部的经验萃取时，我觉得能给物质或精神的激励当然是加分项，但一定不要忘记激发标杆自身的内驱力。接下来，当我们面对这些经验丰富同时乐于分享的标杆时，如何把他们的经验萃取出来呢？

这就需要萃取方法论的支持。下一章，我将会和大家介绍萃取的基本方法。

本章思维导图

01 为什么内部人才培养方式更有效

培训从理念型到实战型的转变之路

为什么内部人才培养更经济高效

外部招聘	内部培养
◇ 成本高	◇ 能够激发优秀员工的分享动力
◇ 磨合难	◇ 培训内容更加贴近员工的实际工作场景
◇ 流动性大	◇ 能节约大量培训成本

02 选取标杆的三种方法

数据筛选法

方法	通过收集和分析业务数据，识别表现优异的员工
优势	数据筛选客观、公正，能直接反映员工的业务能力和绩效
注意	确保数据的准确性、完整性及指标设计的合理性

主管推荐法

方法	部门主管推荐团队中表现优秀的员工
优势	不局限于业务数据，兼顾员工的综合素质和潜能
注意	避免主管偏见和裙带关系的影响，确保推荐的公正性和客观性

案例筛选法

方法	筛选有代表性或成功的案例中的员工
优势	直观反映员工的能力和经验，准确发现具有创新思维和解决问题能力的员工
注意	确保案例的真实性和完整性，避免因案例的质量问题而影响对员工的评价

◆ 根据项目的复杂程度和实际情况可结合使用 ◆

03 如何验证标杆经验的价值

请标杆提交萃取主题相关的资料

成功案例 → 背景信息 问题冲突 内心选择 解决过程 结果 反思

＋

业务资料 → 现场录音 分享课件 内部讲话 总结资料

评估标杆经验的价值

相关性	实用性
案例与当前组织目标、业务需求及培训主题紧密相关	贴近工作场景解决方案切实可行案例成果可验证
可复制性	创新性
在相似或相同的资源条件下通过努力可达成相似或相同的结果	有独特的解决方案、新的技术或前瞻性的思考

04 用同理心激励标杆分享经验

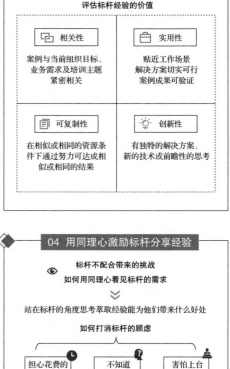

标杆不配合带来的挑战

如何用同理心看见标杆的需求

站在标杆的角度思考萃取经验能为他们带来什么好处

如何打消标杆的顾虑

担心花费的时间过多	不知道讲什么	害怕上台做分享
上门服务一对一访谈	全程协助降低难度	双师模式标杆分享培训师教学

第5章

三萃，萃取标杆经验，沉淀知识资产

01 一
为什么经验萃取很重要

在任何一个组织中，标杆都是宝贵的资源，他们能够取得稳定的高绩效，具备丰富的专业知识和实践经验，但是很多标杆会做却不会说，请他们分享自己的经验，他们就是讲不清楚，让别人也学不会。

1. 标杆自己输出经验面临的困难

第一类，没时间思考。在组织中，标杆通常都十分繁忙，他们很少有时间停下来思考。标杆是组织业绩的主要承担者，不但忙于完成 KPI，还要解决各种各样的问题。这种高强度的工作状态使他们很难有时间停下来反思自己的工作方法和流程。他们不但没有时间沉淀优秀经验，而且有些做法可能存在问题或可以进一步优化，也往往无暇顾及，导致工作方法没有迭代的机会。

这个问题需要引起组织的重视，要让标杆有停下来思考的时间和空间，才能让标杆沉淀自己的经验，升维思考、迭代升级，形成组织的知识资产。老子说，有无相生。不做事的时候，才能有时间思考和沉淀，有利于形成新思路、新方法。

第二类，认为经验很平常。很多标杆对自己的经验价值缺乏足够的认识。他们觉得自己做的事情就是日常工作，没有什么特别之处，没有意识到这些经验对组织和其他人的价值。这种认知上的不足使得他们缺乏总结和提炼经验的动力。

这种情况下，就需要有萃取师帮助他们看到自己经验的价值，充分肯定他们的工作绩效，并且引导他们回顾和反思自己的经验。

第三类，有经验但说不出来。有的标杆是"手中有口中无"，自己轻轻松松就能做好的事情，就是讲不出来，教不会他人。这是一线的技术标杆普遍存在的现象。他们的操作技能很强，但是分析、总结、归纳的能力比较弱，所以特别需要萃取师的帮助。

例如，有家模具生产企业生产的一款产品销路很好，但是业务瓶颈出现在一个技术环节。这个环节的零件加工比较复杂，机器做不到，需要工人手动操作。但是这个操作非常考验"手感"，需要经年累月地练习。能胜任这个环节的只有个别员工。厂长很着急，因为生产瓶颈很明显，业务部门不敢接单，眼看着大好的市场机会干着急。

去问这个员工，他也着急："你看嘛，我给你操作一遍，一遍不行再做一遍。"但其中的关键之处就是说不出来。

为了解决这个问题，厂里请来萃取师对这个技术标杆进行经验萃取，通过观察＋访谈的方式，了解标杆的操作过程，并且询问标杆每个操作步骤的要点和理由、检验标准、难点和注意事项。标杆讲不清楚的地方，她就帮助标杆表达。

经过这样一番操作，萃取师最终整理出一套方法论，还编了一套操作口诀。标杆非常惊喜，也特别感谢萃取师。

这些标杆员工知道自己是有经验的，也非常愿意分享，但是缺乏一套有效的方式对自己的经验进行反思、提炼，结构化输出。在萃取师的帮助下，他们能充分表达自己，让更多的人看见自己的才华，而这又让标杆产生了很大的价值感。

第四类，总结不到位。组织里还有些标杆，他们平时也会做一些总结，开发一些课程，但是他们总结的经验可能缺乏系统性和深度。比如，有些标杆只是简单地记录了自己的一些做法和想法，而没有对这些经验进行深入的分析和归纳。这样的经验总结往往是零散的，无法为他人提供有价值的参考。这就是很多内训师的课程让学员听不懂、学不会、做不到的原因。这个过程就非常需要专业萃取师的帮助，帮助他们对经验进行有效的萃取和输出。

2. 知识资产是组织的核心竞争力

深度思考是当下快节奏的商业组织中特别稀缺的一项能力。缺乏深度思考的能力，会导致组织的效能越来越低。很多人看似天天忙于做事，但对自己的工作缺乏深度思考，没有反思和沉淀，就没有迭代和优化，是低水平的重复。

经验萃取作为一种有效的方法，正是促使员工进行深度思考和体系输出的关键途径。经验萃取让员工有机会反思自己平时在做的工作，并且形成一套可复制的方法论，包括做事的流程、步骤、方法、原理、常见问题和注意事项、检验标准，还可以将经验转化成表单、模板、话术等，促进经验的迁移。

工作方法论的核心构成，包括做事的流程、步骤、方法，以及采取的关键行为背后的原因或理由，常见问题和注意事项，以及每项工作应该达到的检验标准。

第一，做事的流程。清晰的工作流程能够确保工作的有序进行，减少不必要的错误和疏漏。在萃取经验时，员工需要详细记录自己完成任务的整个流程，包括每个环节的先后顺序、所需资源以及关键节点。通过对流程的梳理，员工可以更加清晰地了解自己的工作习惯和方式，为后续的优化和改进打下基础。

第二，步骤和方法是经验萃取的重要内容。员工需要详细描述自己在完成任务时采用的步骤和方法，包括具体的操作技巧、使用的工具以及解决问题的策略。这些步骤和方法往往蕴含着员工独特的经验和智慧，通过萃取和整理，可以形成一套可复制的工作方法论，供其他员工参考和借鉴。

第三，对原理的理解也是经验萃取不可或缺的一部分。员工需要剖析任务背后的原理，理解问题的本质和解决方案的根源。通过对原理的掌握，员工可以更加灵活地应对各种复杂情况，提出更加有效的解决方案。

第四，在经验萃取过程中，还需要关注常见问题和注意事项。这些问题和事项往往是员工在实际工作中遇到的挑战和困难，通过总结和提炼，可以形成一套针对性的解决方案和预防措施。这些经验和教训对于其他员工来说具有重要的参考价值，可以帮助他们避免类似的问题和错误。

第五，检验标准也是经验萃取中常被忽视的一环。员工需要制定明确的检验标准，对自己的工作成果进行客观评估。这些标准可以包括完成时间、质量指标、客户满意度等多个方面，通过与实际工作成果的对比，员工可以了解自己的优势和不足，为后续的改进和提升提供依据。

第六，将经验总结成工具、模板和话术是经验萃取的重要应用方向。员工可以将自己的经验总结和提炼成一套实用的工具和模板，供其他员工参考和使用。这些工具和模板可以简化复杂的工作流程，提高工作效率。此外，员工还可以将经验转化为话术，用于与客户、同事或上级的沟通交流，更加准确地表达自己的观点和需求。

所以，一套高质量的工作方法论由做事的流程、步骤、方法、原理、常见问题和注意事项以及检验标准等多个方面构成。通过经验萃取和体系化输出，员工可以将自己的经验转化为实用的工具和模板，促进经验的迁移。

一套工作方法论的流程框架，可以用下面的思维导图来呈现。

一套具体的方法论可以用一张工作任务分析表来呈现（见下表）。其中步骤和关键行为可以沿用流程框架中的内容，但要对关键行为、原因或理由、常见难点、应对方法做具体展开，梳理核心工具和每个步骤的检验标准。

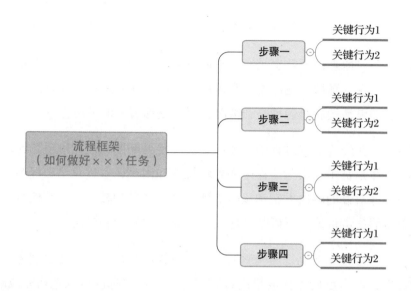

步骤（场景、要素）	关键行为	原因或理由	常见难点	应对方法	核心工具	检验标准
	（表述具体行为的做法）	（为什么要这么做？）	（有什么常见的难题？）	（"如何应对？"）	[可以开发什么工具？（表单、模板、话术等）]	（做好这个步骤的标准是什么？）
步骤一						
步骤二						
步骤三						
步骤四						

　　如果员工具备自我萃取经验的能力，善于总结、提炼、反思和改进，进而输出高质量的知识成果，对组织会有巨大的贡献。

　　首先，通过经验萃取提升深度思考力。员工通过经验萃取能够形成独特的思维方式和解决问题的方法，这使得他们在面对复杂问题时能够迅速找到有效的解决方案。很多员工说经验萃取之前，感觉有满脑子的经验但是说不清楚自己是怎么做到的，经验萃取后感觉大脑轻松了很多。思路清晰了，做事更加高效。

其次，体系化的输出使得员工的经验更具条理性和逻辑性，更容易被他人理解和接受。这不仅有助于员工在团队中建立自己的权威和影响力，还能够促进团队成员之间的协作和沟通。

此外，经验萃取还有助于员工形成持续学习的习惯。通过不断总结和提炼自己的经验，员工能够发现自己的不足之处，并寻求改进和提升的方法。这种自我驱动的学习能力，是员工在职场中保持竞争力的关键。

02 一

萃取成果产出物与萃取方式规划

知识体系和各式成果，就像是面粉和面食的关系。面粉可以加工成各类面食，知识体系可以输出各种形式的成果，比如标准操作程序、微课、话术、课程、案例等。根据经验的颗粒度大小以及形式，我们可以设计出不同的萃取成果产出物，便于经验的有效传播和复制。

1. 萃取成果产出物

第一种，标准操作程序。标准操作程序（Standard Operating Procedure，SOP）描述了某一岗位或任务的标准操作流程。

标准操作程序的特点：具有规范性和指导性。它包含了某一岗位或任务的标准操作流程、方法和注意事项，为员工提供了明确的工作指导，以确保工作的规范化和一致性，可以降低操作风险，提高工作质量和效率。

应用场景：适用于需要确保工作规范化和一致性的工作场景，如实验操作、设备维护等。

第二种，话术。话术是在特定情境下使用的标准语言或表达方式，通常包括与客户沟通、内部协作、演讲汇报等场景下的标准用语和技巧。这种形式的成果能够帮助员工在各种沟通场景中提升沟通效果，提升企业的专业形象。

话术的特点：针对性强、灵活性高。它提供了在特定情境下使用的标准语言和表达方式，有助于改善沟通效果。

应用场景：适用于需要频繁沟通的工作场景，如销售过程、客户服务等。

第三种，案例。案例是对实际经验或问题的详细记录和描述，通常包括背景、问题、解决方案、实施过程以及结果评估等要素。通过经验萃取形成的案例库，能为企业提供丰富的参考和借鉴资源。员工通过学习案例，将了解如何在实际工作中应对类似问题，避免重蹈覆辙，提高解决问题的能力。

案例的特点：案例具有真实、具体的特点。它详细记录了实际经验或问题的背景、解决方案和实施过程，为解决类似问题提供了参考和借鉴。

应用场景：适用于需要解决复杂问题或应对新挑战的工作场景。

第四种，培训课程。培训课程是基于萃取的经验开发的系统性教学活动，旨在提升员工的知识和技能水平。经验萃取后形成的培训课程通常包括课程目标、教学内容、教学方法以及评估方式等。通过参加培训课程，员工可以系统地学习和掌握相关经验和知识，提高个人能力和企业绩效。

培训课程的特点：培训课程具有系统性、全面性和针对性。

应用场景：适用于需要全面提升员工能力的工作场景，如新员工培训、技能提升等。

第五种，微课。这里说的微课是一种基于经验萃取开发的简短、集中的在线教学活动，旨在快速传授特定知识点或技能。它通常以视频、音频或交互式多媒体的形式呈现，内容精炼且聚焦于解决具体问题或提供实用工具，能够有效提升学习者的学习兴趣和参与度。

微课的特点：针对特定知识点或技能进行设计，采用视频、音频、动画等生动、直观的多媒体形式，一般时长为几分钟到十几分钟不等，目标明确，内容紧凑，能帮助学习者快速掌握所学内容。

应用场景：产品介绍与演示、动作技能演示、软件操作演示等。

综上所述，五种萃取成果各有其特点和应用场景。SOP 操作手册适用于标准化操作；话术适用于沟通场景；案例适用于解决复杂问题；培训课程适用于全面提升员工能力；微课适用于各类技能演示。

每类萃取成果的模板可参考附录 1。

这几种经验萃取成果形式各具特色，相互补充，共同构成了企业经验管理和知识传递的重要工具。在实际应用中，可以根据具体需求和场景进行选择。

2. 萃取方式规划

在萃取经验的过程中，萃取师需要根据标杆的人数以及产出成果的要求来选择合适的方式。以下是关于三种基本萃取方式各自的优点及适用场景的详细解释。

第一种：个别访谈法。

优点：深度交流、私密性强、灵活性强。

深度交流：一对一的访谈能够确保交流的深度，让标杆能够充分自由地表达自己的思想、方法和经验。

私密性强：访谈环境相对私密，有助于标杆放松心态，能够挖掘出更多他不愿在公开场合透露的细节和感悟。

灵活性强：访谈时间和地点可以根据标杆的情况进行调整，最大限度地确保访谈的顺利进行。

适用场景：当需要萃取的标杆人数较少时，个别访谈法能够确保每位标杆都得到充分的关注。当需要对标杆的经验进行深入挖掘和了解时，个别访谈法能够提供足够的时间和空间进行深度交流。

第二种：赋能工作坊。

优点：集体智慧、技能提升、成果丰富。

集体智慧：通过工作坊的形式，让多位标杆共同参与，能够激发集体智慧，产生更多的创意和想法。

技能提升：工作坊不仅能帮助标杆萃取经验，还能教授标杆经验萃取技能，提升标杆的自我萃取能力。

成果丰富：每位标杆都能产出萃取的成果，如课程、案例等，使得整体成果丰富多样。

适用场景：当需要萃取的标杆数量较多时，通过工作坊的形式能够高效地组织萃取项目和管理相关人员。当需要教授标杆萃取技能时，赋能工作坊是一个很好的选择。但是如果一场工作坊有 20~30 人参加，想要关注到每个人的成果质量就很困难，这种情况下，就需要引入多位萃取师参与萃取成果辅导。

一般来说，如果是以人才复制为目的，通常只需围绕主题选取少量精干的人员参加共创工作坊，也就是下面介绍的第三种工作坊。

第三种：共创工作坊。

优点：主题聚焦、促进合作、成果系统性强。

主题聚焦：由标杆们共同萃取一个经验主题，能够确保讨论和交流的焦点集中，形成一套整体性的成果。

促进合作：这种共同创作的方式，能够加强标杆之间的合作和交流，促进经验的共享和传递。

成果系统性强：由于是多位标杆共同萃取的成果，这种成果集众人之所长，具备较高的系统性，能够为企业提供更多的价值。

适用场景：需要形成系统性成果的项目，比如当企业需要一套完整、系统的经验成果时，就可以选择萃取共创工作坊的方式。当参与萃取的标杆们在经验、技能等方面存在互补性时，通过共同创作能够产生更好的效果。

实操过程中，我有时会选择个别访谈法来帮助标杆开发课程、微课、案例、标准操作程序、话术，有时也会通过赋能工作坊或共创工作坊帮助标杆开发这些成果。

综上所述，不同的经验萃取方式各有其优点和适用场景，需要根据实际情况进行选择和应用。下面通过实战案例来说明几种主要萃取方式的运用。

03 —

个别访谈法，萃取标杆经验

个别访谈法是经验萃取的基本方法，通过访谈萃取经验可以保证效率和质量，给标杆的体验感也会特别好。

1. 用个别访谈法萃取标杆经验的情形

所谓的个别访谈法，是由萃取师通过面谈或电话访谈的形式和标杆进行一对一的沟通，帮助标杆整理经验萃取成果。整个过程中，标杆只负责说，而萃取师会整理好萃取的成果。个别访谈法比较适用于标杆人数少、时间紧张、企业对产出成果质量要求很高的情形。有时萃取对象的级别较高，也可以采取这种方法。那些高级别的标杆往往有着繁忙的工作安排，让他们参加 2 天以上的工作坊并不现实，更别说在形成初稿后还需要他们自行整理成果了。

因此，为了保证让标杆能够专注于内容产出，在保障成果质量的同时，还可以真正地做到节省时间，在实践中，我们常会采取个别访谈法对标杆进行经验萃取。

例如，有家全球 500 强快消品公司计划从经销商中遴选一批优秀代表，萃取他们的经验。但那些访谈对象都是总经理级别的领导，这种情况就需要我们上门进行实地访谈。

除此之外，针对那些工作繁忙到根本没有时间参加工作坊的标杆，也可以采取这种形式。在不便于组织线下的工作坊的情况下，我们也可以创新性地开展线上访谈，对标杆进行经验萃取。

访谈有面谈和电话访谈两种形式。面谈的好处是交流方便，可以借助白板等工具共享讨论成果，澄清某些概念、观点。而且面对面的交流能够让彼此快速拉近距离，建立信任，对激发标杆分享的欲望有特别大的好处，但弊端是容易受地点限制。

电话访谈的优势是时间安排非常灵活，对于一些比较单一的案例可以节约很多成本，但涉及某些业务模式的萃取就很受限，比如前面的会销案例，这种萃取涉及新业务模式的情况是没法单纯靠电话交流就将关键经验讲清楚的。

2. 访谈前的准备工作

访谈前，萃取师需要做好以下几项准备工作。

第一，阅读和访谈对象、萃取目标相关的资料。比如对经销商进行访谈之前，我阅读了关于这个公司战略的资料和与经销商相关的资料，去了解他们做事的背景和初衷，并详细梳理经销商的具体情况。

第二，要确立访谈的目标。访谈之前一定要有清晰的目标，即希望通过访谈萃取到哪些经验。目的明确，提问就会聚焦。

第三，约好时间，向对方提供一份访谈提纲。这样做主要是为了告知标杆拟交流的话题、持续的时长，给对方留出更多的思考时间。这里提醒一点，如果是一个复杂的经验萃取话题，写好访谈提纲后最好和项目发起方做个确认，看看访谈提纲是否覆盖了他们最希望萃取的经验，有没有什么遗漏，有什么问题是不合适问的，或者要换个什么方式来问。

第四，如果是面谈，要定好地点并准备好相关物料。面谈地点最好选择一个安静的会议室，有白板、投影仪等设备，相关物料包括录音笔、书写的纸张等。在访谈过程中，书写行为有三个非常重要的作用：①显示你在认真地倾听；②提升访谈者对分享的重视度；③便于自己整理思路。

3. 访谈萃取的过程组织

在萃取师对访谈对象做过基本的了解之后，就能以电话或面谈的形式对业务标杆进行萃取访谈了。

访谈过程可以用 4C 模型来开展，4C 是 4 个英文单词的首字母（见下图）。

第一个 C，是连接（Connect）。

在电话访谈过程中，由于标杆和萃取师没有见过面，有陌生感是正常的。不过萃取师是提前看过标杆的案例简介的，因此萃取师要承担和标杆进行情感连接的责任。比如在正式开始交流前，可以用"×× 老师，您好，我看过您的案例了，这个案例是关于您带教一位绩效不佳的员工最终突破自己，成为公司金牌销售的经历。这个案例非常精彩，亮点十足，我觉得案例选题真的非常棒，期待今天通过电话和您聊到更多的细节内容。"这样的话语表示了尊重和认可，有助于促进沟通圆满完成。

这个环节虽然只有寥寥几句话，但是能帮助萃取师和标杆建立通畅的对话管道。

第二个 C，是还原（Call Back）。

就算萃取师提前做了功课，带着很多问题来和标杆交流，但是萃取时，也不能直接就问标杆，做某件事你有什么经验。因为标杆还没有经过系统的梳理，这时他的认识是感性的，还停留在他对事件的记忆中。因此，需要请标杆先回忆当时的经历，再来做理性的分析和思考。

我的做法通常是请标杆进行一次情境还原，这样可以先对标杆的案例有个全局性的了解，以便确认经验萃取的重点。

情境还原时，可以用到如下问题，来帮助标杆进行回忆。

1）您能给我简单介绍一下这个事件的背景吗？这是一件什么事？发生在哪里？您在其中负责什么事？这件事的重要性主要体现在哪些地方？

2）这件事的主要难点有哪些？遇到这些难点时，您的内心感受是怎样的？

3）您当时有什么选择？您是怎么做的呢？您采取了哪些关键措施？

4）这些关键措施取得了什么样的结果？

这个步骤非常重要。对标杆而言，可以通过对事件相关的细节进行回忆，梳理出重要的内容，为下一步的深度分析做准备；对萃取师而言，可以在听标杆讲述的过程中快速带入标杆的工作场景，理解他的工作，整理出他完成某个任务、解决某个问题的基本逻辑。

整个过程，萃取师需要保持高度专注，边听边记录，快速建立起标杆的思考框架，并且了解关键点在哪里，主要亮点有哪些，哪些是需要深度挖掘的亮点经验。这个部分大约需要 15~20 分钟。

第三个 C，是建构（Construction）。

在完成案例情境还原后，接下来就是对标杆案例中的关键经验进行萃取的环节了。

萃取的核心原则，我总结为"先框架，后细节"。

先把标杆如何取得成果的整体框架搭建起来，然后在具体的框架中，去展开每个关键步骤中的具体行为、具体做法，询问理由和典型事例。

在梳理关键步骤的具体关键行为和理由、难点及注意事项时，可以用5W2H 法来进行细节的追问。

> What：这个步骤要做什么？具体有哪些？除了这些还有吗？
>
> Why：为什么要做？可不可以不做？
>
> Where：在哪里做？
>
> When：什么时间做？
>
> Who：和谁一起做？
>
> How：以什么方式做？能否给个例子？
>
> How much：做到什么程度算好？

这个环节最有挑战性的是，萃取师能否透过表象看到本质，将标杆讲的具体的事件用准确的语言表达出来。

第四个 C，是检核（Check）。

访谈的最后，萃取师要进行回顾，复述萃取出来的关键经验以及重要的反思点，与标杆做确认，并确定哪些内容可能还需要进一步补充细节、图片，还需要索要标杆提到的重要文件，作为丰富萃取成果的补充内容。

4. 访谈标杆的技巧

最后谈谈访谈标杆的技巧，这是一个需要萃取师高度专注的心流时刻。

首先，需要由萃取师设计、引导整个谈话过程，保证提问结构清晰和挖掘思路明确。这样就有很大概率与标杆产生思维碰撞，将他们没想到的经验总结出来，让其在这个过程中也受益匪浅。

其次，萃取师的情商特别重要。在访谈过程中，情商体现在对于谈话氛围的营造和把握上，在标杆回顾经历时要做到对艰难时刻共情、在转变时刻鼓舞、对实现目标时赞美，这样才能和标杆实现高度的情感共振。

最后，倾听、提问和留白是重要的访谈技巧。在经验萃取过程中，萃取师的主要工作在于提问、引导思考，追问关键细节，因此倾听和提问是最重要的技能。另外，在标杆思考的过程中，要为其留出适当的空间去思考，或者协助对方思考，不要因担心冷场而一直在表达自己的观点，浪费了宝贵的访谈时间。

5. 萃取访谈实战案例：如何通过访谈，帮助标杆提炼带教经验

第一步，我请标杆（即李经理）填写了一份如下表所示的案例底稿。

姓 名	李××
部 门	×××
职 位	销售主管
案例名称	带领业务不达标的销售顾问逆袭为销冠
案例简介	小高的产品销售任务的达成率只有58%，他对百分之百完成指标没有信心。在他负责的片区，竞品占据了大部分市场份额，客户对竞品的认可度很高。在这种情况下，我帮助他重建信心，制订详细的开发专项客户计划，协助他拜访客户，确认客户需求，最终成功开发客户并取得全量份额。小高用这种方法开发了另一家客户并且拿下了95%的份额，他个人全年的销售任务达成率超过130%
案例价值	1. 引导小高确认客户需求，加深与客户的合作，拿下该客户的全量份额 2. 帮助小高做心理疏导，重建信心，明确目标 3. 在团队中树立榜样，增加团队人员的稳定性

然后，我和培训主管、业务负责人一起对这份案例底稿进行分析和讨

论。我们发现，这个案例的亮点是作为主管，在销售顾问信心不足时，能够提供有效的支持，帮助他重建信心，拿下客户。

那么，这个案例萃取的主题是：我（销售主管）如何将销售任务达成率只有 58% 的小高（销售顾问），带成公司的销冠。

访谈之前，我们告知了销售主管李经理这次访谈的主题，请她重点分享在销售顾问信心不足的时候，她做了哪些具体的事情来帮助他重建信心，协助他签下大客户。

第二步，访谈过程的开展。

（建立连接）

萃取师：李经理，您好。我看了您的案例，这个案例写的是如何带教一个业绩完成度只有 58% 的员工，使之最终逆袭成为公司年度销售冠军。这个故事看得我热血沸腾，感觉您真的是太会带教人了！

李经理：没有没有，就是正常带员工嘛。

萃取师：很厉害的！我知道销售顾问在面临业绩压力的时候，容易信心不足、士气低落，如果不解决这个问题，可能这个员工也会流失啊。

李经理：是的，我当时确实有过这种担心。

萃取师：对的，您不但挽回了一个员工的自信心，还给公司培养了一位销冠，这也是您作为主管的成绩，很了不起的。

李经理：哈哈哈……（开心地笑起来）

萃取师：所以我们看完您的这个故事后觉得很有意义，想和您请教在这个案例中您更多的具体做法。

李经理：好的好的。

在上述的交流中，我充分肯定了李经理带教员工的成绩，并且也体现出我作为萃取师的功课做得很认真，对案例进行了仔细的研读，是带着好奇和敬佩之心来请教，也给了标杆很好的身份认可。

（还原故事）

萃取师： 李经理，您可以给我简单描述一下当时的背景吗？这个销售顾问是什么时候来的，当时他面临的情况是怎么样的？

李经理： 小高是我团队里的一名销售顾问，主要负责大客户A和B。对A客户的销量占小高销售任务总指标的55%，对B客户的销量占总指标的35%，而2022年对比2021年总指标有25%的增长。对小高更不利的是，2021年2月在和B客户的合作上我们产品全部丢标，原来每个月固定的销量现在为零。我们尝试过补标等各种方式都没有办法销售，只能等明年的招标才有机会。除了B客户，小高与其他客户即使百分之百成交也没有办法完成全年总指标，甚至达不到75%的奖金起付线。

虽然A客户的采购规模也很大，但它同时也是竞争对手的标杆客户。小高在拜访A客户时，对方反映我们的产品功能落后。小高花了大量的时间也没能找到突破口，最终指标达成率只有58%，这对他的打击非常大。

萃取师： 那您当时是怎么看待这件事情的？

李经理： 作为主管，我也在思考，该如何帮助他建立信心？B客户那边没有办法销售，是不是只能把全部精力和资源投向A客户？如果他一直拿不到奖金，会不会有离职的想法和行动？

萃取师： 是的，您想得非常对，那在这个关键时刻，您是怎么做的呢？

李经理： 我认为首先要做的就是帮助小高重建信心。于是我选了一个安静的餐馆跟小高共进午餐，在这样非严肃的场合能更好地了解到小高对现在市场情况的看法和他个人在我司的发展意向，有没有产生离职的想法。了解下来，我发现他对A客户的情况还是比较熟悉的，关键人物都能找得出来，而且对每个客户的发展和定位思路比较清晰。虽然他暂时拿不到奖金，但是并没有离职的想法。在这种情况下，我表示非常能共情小高，于是也分享了我个人的类似经历，希望他能从我解决问题的经历中获得启示。同时，我也鼓励他不要遇到困难就轻易放弃，有时候困难会成为我们提升能力的最大助力。

萃取师： 您好会鼓励人啊，小高听到您的这些话应该会感到很温暖，业绩没有完成，领导不但没有批评，还给予理解和共情，太赞了！那当时小高有什么反应呢？

李经理： 听完我的这些话，小高有些触动，但是摆在他眼前的困难还需要我来帮助他一起来克服。

萃取师： 对，那您究竟是怎么帮助他的呢？

李经理： 我安排小高做了两件事。第一件事，让小高扫楼，把 A 客户的情况做成微观市场表，通过微观市场表全面了解 A 客户的情况，分析主要问题，研究 A 客户的开发思路，挑选出重点开发上量的产品。

萃取师： 那微观市场表格里具体包括什么内容呢？

李经理： 表格内容包括产品用量、周转率、使用品牌、每月领货量、各个品牌的占比、客户决策人和联系方式等。

萃取师： 这张表格的作用是什么呢？

李经理： 这张表格让我们能够通过分析比较看出哪个部门是最有潜力的，并为我们确定了 A 客户的某部门作为我们的重点开发客户。

萃取师： 对，这个思路很不错，先摸排市场情况。然后呢？您接着要做什么？

李经理： 第二件事，是协助小高拜访关键人物，这一步重点在于解决客户提出的问题。客户关键人物提出了四个主要问题：产品不能收费；工人不喜欢用；耗占比高；部门关系复杂等。对此，我还让小高去实地调查核实过。

萃取师： 您做事的思路相当清晰啊，在确定问题的部分花这么多时间一定有您的原因吧？

李经理：是的，经过这样的梳理，我们就能明确需要重点解决哪些问题。所以在拜访结束后，我让小高以表格的形式逐个列举客户拒绝使用产品的原因，分析了我们能改进和不能改进的部分。比如耗占比高和部门关系复杂，这是我们解决不了的，但产品不能收费和工人不喜欢用的问题却是我们可以解决的，比如让客户了解收费政策、现场辅导改进工人操作手法等。

萃取师：太优秀了！这样做能厘清思路，感觉问题就要迎刃而解了。

李经理：这些梳理也让小高厘清了思路，他不再茫然无措，在工作上变得更加积极。

萃取师：对的，更重要的是，我觉得他从主管身上学到了一种分析和解决问题的方式。那接下来您怎么帮助小高解决问题呢？

李经理：我和小高说，客户拒绝你的第一个理由通常就是当前他们面临的最大问题。所以当客户首先提出的是产品不能收费的问题时，我们就该想到如果解决了这个问题，那接下来的工作就会好做很多。

萃取师：这个问题棘手吗？

李经理：其实也不难，虽然有些事情我们部门做不到的，但是可以寻求其他部门的帮助。我让小高对接了另一个部门整理的关于产品定价政策的资源，我之所以这么做也是因为发现小高解决问题的思路不够宽，所以有意锻炼他的资源整合能力，相信这一次跨部门合作也能为他积累一定的经验。

萃取师：哇，您真的时时刻刻都在想着怎么帮助员工发展自己的能力。我对这点很有感触啊，如果您替他去做了，那他始终得不到成长。

李经理：是的，虽然我打一个电话就能获得那些资料，但他主动去交流获得的过程对他而言才是最宝贵的财富。

萃取师：您真的是在帮助、成就这个员工，太棒了！那么接下来的环节应该很重要吧？

李经理：在做了充分的准备工作后，我跟小高一起去拜访 A 客户的关键部门的关键人物。

萃取师：您和小高一起去的吗？

李经理：是的。我在尽我所能地帮助他。我全程带着小高，这能让他从我讲的内容中提炼适合他的拜访技巧。

萃取师：你们当时主要跟哪些人进行了交流？

李经理：首先是和客户的关键人物沟通，确定了当产品收费功能完善后对方就使用我们的产品。同时将准备好的收费目录和相关资料展示给对方并讲解。当场对方就打了电话给三个人，而这三个人也是我们已经提前沟通过的，因此得到的回复都是肯定的，最后得到了总经理的顺利通过。

萃取师：这真叫不打无准备之仗。

李经理：就这样，我们虽然花费了更多的时间，但没有多花公司的钱就成功地开发了 A 客户并取得全量。

萃取师：您的这个带教过程对小高应该产生了非常积极的影响。

李经理：是的。小高后来再次使用这种方法开发了另一家客户并且拿下了 95% 的份额，他个人全年总指标也完成了超过 130%。

萃取师：您觉得小高的状态和之前相比有什么变化？

李经理：对于小高来说，在我的带领下，他将 A 客户这么难开发的客户都开发出来了，以后还有什么困难是不能克服的呢？总之，这件事增强了他的自信心，也提高了他的工作积极性。

萃取师：带教出这么成功的案例，您是不是也非常有成就感？

李经理：是的。我和小高之间也建立了更深的信任关系，他会经常来找我交流客户的开发情况，有时也会带着方案让我给出建议和指导。

萃取师：太棒了，我感觉您也特别享受这个结果。所以整体听下来，我总结您在下属遇到业绩卡点时，采取的主要思路是：

第一步，鼓舞下属，发现员工遇到问题时，及时了解员工状况，解决心理问题。

第二步，支持下属，找出关键问题，找到解决问题的关键点以及关键人物。

第三步，发展下属，给员工方法，教员工解决问题，而不是替他解决问题。

对吗？

李经理：是的，总结得太好了。在下属心理能量已经很低的情况下，去批评他是没有意义的，我们最该做的是鼓励他，让他知道主管会做他坚实的后盾，会帮助他提升能力，解决问题。

萃取师：我留意到您在支持他的过程中，其实是很克制的，能让他自己做的事尽量让他自己做。

李经理：是的，我感觉带人最难的就是要克制自己去直接动手解决问题的冲动，要让自己退后一步，扮演支持者的角色。

萃取师：那您当时是怎么想的呢？

李经理：我很清楚很多事情或许只需要我打一个电话、出一次面就能解决，但是那样的话，解决问题的人还是我，我的下属仍然没有获得解决问题的能力，如果让他们养成依赖我的习惯，那这个团队该怎么成长呢？

萃取师：我觉得这跟带孩子是一样的道理。包办型的父母养不出独立的孩子。

李经理：是的。

萃取师：太棒了！今天和您交流收获非常大。您的很多管理思想，我觉得对很多人都特别有启发。

李经理：谢谢。

萃取师：您觉得通过这个案例，您有什么收获？

李经理：作为管理者，我也完成了一次身份的转变。

萃取师：如果有机会再做一次，您觉得哪些地方还能做得更好呢？

李经理：如果有机会再做一次的话，我觉得我会更早地和小高进行一对一面谈，让他尽早熟悉我的管理风格，消除他的顾虑，可能他就会更早和我开诚布公地交流他在客户开发中遇到的问题。

萃取师：还有吗？

李经理：针对这次 B 客户丢标的情况，我也应该更早地做一些预判和分析，并且制定好预案，为员工完成任务提供更有力的保障。

萃取师：特别棒！您有很强的反思能力。

（建构）

在这个案例中，我们可以从主管对小高的支持和指导中，萃取出有效带教销售顾问的关键经验，形成以下的工作方法论。

第一步，鼓励员工。

在面对销售困境和挫折时，主管首先要做的是理解销售顾问的困境和情绪，通过情感支持和共鸣帮助销售顾问重建信心。

行动步骤：

倾听与理解：深入了解销售顾问对市场的看法和个人发展意向，以及他们对挫折的反应。

提供情感支持：表达对销售顾问困境的理解，并提供情感上的支持，减轻其挫败感。

分享经验：分享个人或团队过去的类似经历及成功克服困难的过程，为销售顾问提供借鉴和参考。

第二步，支持员工。

当销售顾问找不到业绩突破点的时候，主管需要协助销售顾问对市场问题做深入分析，共同制定有针对性的开发策略。

行动步骤：

数据收集与分析：指导销售顾问收集关键数据，如案例中的微观市场表，以便全面了解市场和客户情况。

确定主要问题：通过分析数据，识别出影响销售的主要问题和障碍，发现潜在的机会增长点。

制定策略：针对识别出的问题制定具体的开发策略，明确解决问题的优先级和行动计划。

第三步，发展员工。

在销售顾问不具备跨部门整合资源的能力的时候，主管需要指导销售顾问去整合资源，比如开展跨部门协作，以便更有效地解决问题。

行动步骤：

资源整合：指导销售顾问识别并整合内部和外部资源，如其他部门的同事或行业标杆，以支持问题解决。

跨部门协作：推动销售顾问与其他部门建立合作关系，共同解决问题，提升整体效率和效果。

准备与沟通：在跨部门协作中，协助销售顾问做好准备，并传授沟通技巧，以确保沟通顺畅和有效。

通过运用这套方法，主管可以帮助销售顾问在面对困境时重建信心，帮助销售顾问分析问题、制定策略，并整合资源进行跨部门协作，实现销售业绩和团队整体效能的提升。这套方法不仅适用于个案，也可以作为团队管理和指导销售顾问的一般性框架。

（检核）

在上述案例中，项目的萃取成果要提供给企业内部开展案例教学和研讨，所以，我们在整理好案例素材后还需要发给李经理进行确认审核。

访谈是一名萃取师的基本技能，但当访谈耗时较长时，我们更希望萃取对象拥有较高的配合度来保障批量产出成果；当经验需要团队共创时，就需要我们掌握共创引导的技能。

下一节我将和你分享如何开展共创工作坊。

04 —

共创工作坊，共创最佳实践成果

如果萃取的目的是构建一套系统性的成果，需要一群标杆员工共创这套成果并且做推广，就可以采用共创工作坊的方式。这种方式的优势是可以集众人之智慧，快速高效出成果，难点是需要萃取师有很强的共创工作坊的设计和引导能力，以及很高的把控成果质量的水平。

1. 用共创工作坊萃取经验的场景

场景一：共萃销售话术

在销售工作中，一套精炼且有效的销售话术对于提升销售业绩至关重要。通过共创工作坊，团队成员可以分享各自在销售过程中遇到的典型案例、成功经验和失败教训，可针对不同客户类型、不同销售场景整理出一套既符合公司品牌形象又能够打动客户的销售话术。

场景二：共萃内部课程

在课程开发过程中，共创工作坊可以帮助内训师集思广益，设计出一套内容丰富、结构合理的课程体系。在分享各自的教学经验、教学资源以及对学员的需求理解后，团队成员经过讨论和共创确定课程的目标、内容框架、教学方法和评估标准，在共萃内部课程时还要确保课程的实用性和针对性，并在提高学员的学习兴趣和学习效果上多下功夫。

场景三：共萃项目经验

每完成一个项目，我们都能积累宝贵的经验和教训。借助共创工作坊，项目团队可以共同回顾项目开展的过程，成员们可以分享各自在项目中的职责、遇到的挑战以及采用的解决方案，分析成功或失败的原因，提炼出有价值的经验和方法，最终形成一套适用于类似项目的做法。这样的共创经验对提升团队的项目管理能力、减少项目风险具有重要意义。

场景四：共萃岗位手册

编写岗位手册是确保员工能够准确理解岗位职责并执行工作的重要一步。通过共创工作坊，相关岗位的团队成员也能参与到手册的编写过程中，结合他们的实际工作经验，在手册中明确每个岗位的职责范围、工作流程、操作规范以及常见问题解答，这样不仅能确保手册的准确性和实用性，还能增强员工对岗位的认同感和归属感。

在这些场景中，通过共创工作坊萃取经验的优势在于它能充分利用团队成员的集体智慧和经验，使总结出来的经验更加全面、深入。这种方法不仅能提升团队的工作效率和质量，还能为企业的持续发展提供有力的支持。

但是通过共创工作坊萃取经验也面临比较大的挑战，比如由于成员拥有不同的背景和经历，如何确保每个人的声音都被听到就是一个挑战。除此之外，萃取师还需要时刻聚焦主题，避免出现冲突和分歧。

2. 共创工作坊的准备工作

我以一个 B2B 销售流程和工具开发为例，详细介绍一下共创工作坊的实际操作要点。

通常来说，物流公司的业务是典型的复杂型销售，因为基本都是大项目，B2B 的模式，所以呈现出流程长、细节多的特点。而这个案例涉及的公司正是做第三方物流的。

这家公司有多位物流高管，个个都是物流解决方案定制标杆，但问题在于高管虽有丰富的经验却无法将其教给新手。

原因就在于物流行业的业务既特殊又复杂，而在物流公司内常常是由业务标杆来承担管理职能，当涉及进出口业务时，新手上手困难，就必须由这些业务标杆花费大量时间去完成，而这样一来，业务标杆在实现更大的战略意图上能投入的精力就会大大减少，进而会制约公司的发展。

通过调研，我们了解到物流行业中，从挖掘客户需求到出具解决方案这个过程是决定能否成功转化客户的关键，却也是很多新手难以掌握的地方，于是我们开展工作坊，围绕这个过程来萃取一套行业化的解决方案构建流程。

做这样的工作坊，前期的筹备很重要。主要原因如下：第一，隔行如隔山，只有深入了解对方的行业情况，才能找到关键点。第二，时间短带来了巨大的挑战，想要通过一天的工作坊就让大家共创产出成果是很困难的。

筹备工作坊有三个关键点：

第一，区分销售场景，选拔业务标杆并进行分组。因为物流服务的行业不同，物流解决方案的差异很大，比如电商和医疗行业、汽车行业的解决方案就有非常大的差别。因此，首先要划分清楚销售场景，其次要根据标杆特长进行分组，最后确定标杆组组长。

第二，请标杆提前做好准备。最了解销售业务的一定是标杆本人，因此，我们让标杆先填写一份流程底稿，这一步的目的是帮助他们梳理业务相关的关键知识点，同时我们也会从这些底稿中归纳标杆们思路的共性及差异，以便更快地了解标杆的领域，提前感知、研判经验萃取的关键点。

第三，做好萃取引导前的知识储备。为了在设计工作坊的时候有侧重点，我们会提前与标杆接触，比如通过电话采访的形式了解他们的业务操作流程，过程中的关键点和难点。在必要的情况下，我们还会提前阅读与大客户销售有关的书籍，通过这些做法，保障我们在萃取过程中的专业度。

3. 共创工作坊的组织开展

开展共创工作坊主要包括四个阶段的工作。

第一，还原场景。我会让每位标杆在小组内分享一个自己在特定场景下取得成功的故事，同时要求标杆在听故事的过程中思考其中的共性，挖掘各自成功的因素。

这个阶段中会用到案例底稿，通常是让标杆用案例底稿来整理一个自己的成功案例，目的是让案例分享更具结构性，便于大家理解。

在大家分享完之后，我通常会问："你们有没有听到好故事？"大家通常都会回答听到了很多好故事，这时我会让他们初步总结，这些故事有什么共同点和差异。此时，大家的思维就开始聚焦，他们会发现一些行业解决方案的构建确有共同点，同时也就一些差异开始探讨。

第二，搭建流程框架。让标杆界定明确的工作任务起点和终点，中间有哪些重要的步骤，帮助他们将框架搭起来。

因为 2B 销售的流程非常长，但是目前他们更加迫切要萃取的经验在前端，如何准确识别、挖掘客户的需求，并且提出能让客户认可的解决方案才是重点。

因此，我们通常会让小组中的每个人用便利贴写下自己的思路，写完以后才可以互相交流，直到达成共识。这个阶段的结果是形成一个流程框架，界定关键步骤。注意，这里不要关注细节，如果有人开始纠结一些细节差异，萃取师需要适时提醒他们以界定框架为先。

还要注意的是，有些人对步骤的划分不准确，有的步骤其实属于步骤下的某个具体活动，也就是把二级、三级的步骤当作一级的步骤，这是不合适的，这种问题也在萃取师提醒的范围内。

作为萃取师，我的作用更多地是从逻辑上给框架，然后以提问的方式帮助他们反思、确认，而不是去询问他们的业务细节。

目的不同，我的问法也不同。

如果目的是界定范围，统一范围和边界，我会问："这个步骤，你的起点和终点是什么？"

如果目的是把标杆的框架识别出来，我会问："你做了这个之后，然后做什么，还要做什么？"

如果目的是让他们达成共识，我会问："你们所有人都认可这个流程吗？"

如果目的是检核确认，我会问："你认为这个步骤的颗粒度是在这一级，还是下一级？"

第三，识别关键行为。大客户销售流程是一系列销售步骤和销售活动的集合，因此在每个销售步骤中，识别哪些是关键的销售行为非常重要。比如在客户拜访阶段，关键的销售行为包括识别利益相关人，区分关键决策者，获取客户的战略规划、整理利益相关者的痛点清单，摸排竞争对手等。

为什么要识别这些行为呢？因为整个销售流程其实是由一连串的销售行为组成的，如果缺失了一些关键的销售行为，可能就会导致某些销售步骤不能实现预期目标，比如，没有识别利益相关者，可能你做了很久的营销方案，最后被一个非核心的利益相关者否决了。因此丢失销售机会是非常可惜的。

这个环节的常见问题是，每个步骤里到底包括哪些销售行为。对此，不同标杆的看法可能会有不同，此时我们要做的就是引导标杆讲述理由和思考过程，为他们总结出几个选项，让他们做选择题，以便迅速达成共识。在这个过程中，可能会出现标杆遗漏某些关键活动的情况，因此，需要让小组的标杆们完成本组的内容后，向参加共创工作坊的全体人员进行汇报，通过其他标杆组的提问，来查缺补漏，完善对关键销售行为的识别。有时，会出现标杆对一个概念表述不清楚的问题，比如当他们说"就是跟客户高层谈成一个初步的合作思路"，我们可作为引导师帮助标杆用精炼的概念来表达，叫作"创建合作愿景"。

第四，整理销售工具清单。为了让销售有序有效地进行，销售人员需要将每个阶段中会用到的工具整理成清单，比如，初期拜访的时候，应该了解客户的哪些信息，需要有客户概况表；摸排客户单位的关键人物痛点清单，要有关键人物表；在客户同意拜访阶段，要准备拜访方案模板和成功案例模板。

而以上工作坊的流程，就是为了帮助公司梳理出一套内部销售流程和销售工具包，然后总结出一份经过实践检验的、凝结了标杆实践、完全贴合公司的销售场景、指导性非常强的销售手册。这有助于销售人员厘清思路，明确什么时间该做什么事情、需要取得什么结果，也会让标杆在带教新人的过程中更加轻松和高效。

很多标杆反馈，共创工作坊为他们提供了巨大的帮助。借助这个机会，他们有效梳理了销售过程，把自己从细节性工作中抽离出来，通过和其他标杆交流获得了启发，实现了升维思考，对自己今后的工作也有很好的指导意义。

现在国内很多快速发展的公司在做 B2B 业务的过程中，就是因为缺乏这样一套沉淀经验的销售流程和销售工具，才会遇到销售人才培养慢、公司发展也缓慢的障碍。

这两节详细介绍了两种常用的萃取形式，希望对你开展萃取工作有些启发和帮助。但是很多人在萃取实操过程中还会存在一些疑问，比如，到底萃取的经验是不是有价值的呢？会不会太过于个性化了，缺乏普适性？等等。这些问题可以在下一节的介绍中找到答案。

05 —
经验萃取的难点与应对措施

经验萃取是一件非常耗费脑力的工作，对萃取师而言有三个最具代表性的挑战。

第一是能否快速地理解萃取对象的工作内容，把握他们工作的实质。

第二是能否用准确的概念描述他们工作的步骤、方法。

第三是能否判断他们所讲的经验是否真正有效、正确，如何判断经验要萃取到什么程度。

要想让这三个问题都得到很好的解决，需要萃取师具备很强的洞察事物本质的能力、逻辑思维和概念提取、语言表达能力。

1. 难点一：表述不准确

在经验萃取过程中，特别是在标杆自行萃取的时候，经常有一些标杆在第一轮萃取的环节将经验讲得非常表面化或出现表述不准确的情况，这样会有误导学员的可能。

比如，有个企业在试图改善自己的客户服务体验，其中有个议题是："服务客户的过程中出现差错时，要不要告知客户？"

标杆写出来的经验是："先和领导沟通，根据领导意见准备告知客户的话术，然后与客户沟通服务差错和补救方案，最后制定防错机制。"

当时就有个销售总监提出他的表述有问题，有可能让新人产生"跟领导商量要不要瞒着客户，拉上领导一起背锅"的误解。

经过沟通，我们明白了这位标杆的本意是当客服遇到服务差错时，最重要的是不要试图去掩盖过错，而是应该第一时间告知领导，和领导一起研判差错的严重性，得出结论后再选取合适的方式告知客户。

在我们的帮助下，这位标杆的表述更加准确了——在产生服务差错时，要第一时间、如实地向领导汇报差错的具体情况，包括差错产生的原因、涉及面、影响金额、是否能够补救，从而判断差错的严重性，以决定是第一时间告知客户发生了差错以及补救的方案，还是做出了补救以后再告知客户。

这个例子也展示了萃取师的作用，那就是去帮助标杆或者引导其他标杆共同来辨别萃取的是不是真正有效的经验以及经验的表达是否准确。

2. 难点二：经验筛选难

在实际的经验萃取过程中，因为团队或企业在经营过程中会积累海量的实操经验，想要从中筛选出非常有价值、有代表性的内容，整合成具有指导意义的经验总结，难度相当大，这就要求萃取师具备敏锐的洞察力和高超的信息处理能力。

但是负责萃取的人并不都对业务有着充分的了解，在这种情况下萃取师如何让自己快速理解业务，抓住它的核心点呢？

如果客户涉及的领域专业性较强，我们最重要的工作就是给出萃取的流程框架，然后引导学员之间互相萃取。

具体的萃取方式和前面所讲的一致，都是帮助标杆先建立框架，再深挖细节。具体而言就是在定义好问题场景之后，逐个分解标杆做事的流程、步骤，这个过程中可以用项目管理的工作任务分解法（Work Breakdown

Structure，WBS），先建立基本框架，识别关键行为，然后针对细节进行深挖。深挖细节可以用 5W2H 法（见下图）。

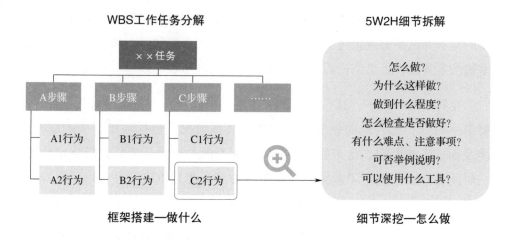

建立好框架之后，我们主要从逻辑上帮助标杆进行检验。除此之外，还可以利用现场其他的标杆学员，让他们从经验受众的角度打破砂锅问到底，把标杆的经验挖出来。因为他们懂业务，问业务问题会问得更细。

很多人会好奇，到底要把经验细化到什么程度？其实就是让你站在受众的角度来思考，讲到什么程度能够让你的受众听明白、会操作。

要特别注意的是，对于自己不熟悉的业务领域，萃取师不要就经验对不对的问题直接给标杆下定论，而要通过提问和引导其他的标杆一起来检核。

比如，你要帮助标杆检核他分享的这些关键行为能否对应有待解决的问题，就应该询问标杆这样做的理由是什么。如果你要检验行为的合理性，可以请标杆举个其他的例子来检验。此外，还要了解新手按照这个方法来做的成功率能有多高。

这个过程就是要让标杆不断地反思、论证。

如果萃取的是诸如情绪管理、危机处理、团队管理、沟通等管理方面的经验，其实可以从很多经典的方法论中获得结构化的知识模型框架，同时需要结合客户的工作内容，使之场景化时有更多的内容细节。如果萃取的是诸如战略管理、市场分析、团队管理、问题解决等管理方面的经验，也可以这样做，只是对萃取师的知识储备要求比较高。如果你的大脑中储备了各类经典的知识模型，就非常容易在萃取时帮助客户构建框架。

下表展示的是一些经典的知识模型，你可以在本书的附录 2 中查看每个模型图示和说明。

类别	模型名称
战略管理	SWOT 分析矩阵
	PEST 分析模型
	五力分析模型
	平衡计分卡（BSC）
	VRIO 分析
	商业模式画布
市场分析	4P 营销组合
	4C 营销理论
	产品的生命周期
	AIDMA 法则
	RFM 消费者分析
团队管理	组织能力杨三角模型
	意愿能力矩阵
	团队行动力公式
	5W1H 任务模型
	麦肯锡信任公式
问题解决	特性要因图
	改进四原则（ECRS 法）
	力场分析
	利益相关者分析

综上所述，基于结合经典方法论的结构化知识模型和客户工作内容的场景化应用，可以萃取出更加实用、有效的管理经验和方法。但是要注意，萃取时萃取师不要先入为主，还是要先引导被萃对象说，用知识模型来验证对方的内容，同时查看是否有缺项、漏项，再提出自己的想法并和对方确认，这样被萃对象会感觉自己是被尊重的，萃取师的查漏补缺还会带给对方惊喜。

3. 难点三：成果验证难

萃取后大家都会心存疑虑：萃取出来的经验真的有效吗？虽然看起来好像逻辑严谨，但是放到实践中真的管用吗？该怎么去检验萃取出来的经验的有效性呢？

首先，萃取完标杆的经验以后，要与其他标杆的经验进行交叉复核，然后请业内标杆或主管来验证该经验在类似的场景中是否有用。在这个过程中，如果其他标杆或主管提出很多疑问，正表明我们进入了萃取成果的优化完善阶段。

其次，为了让萃取工作坊的效果更好，我们也会邀请一些业务新人参与其中。例如，在一次萃取工作坊中，我们为每个组都安排了一位管培生，并鼓励他们在这个难得的和标杆齐聚的时机铆足劲儿地询问工作的流程、步骤、方法、细节，等将来真正投入工作时能够少踩坑、少犯错。

当然，如果现场不具备让新人参与的条件，可以让标杆回去后去询问目标受众是否理解并真的从中获得了解决问题的方法，有时也可通过让新人用自己的语言描述经验的方法来验证效果。

最后就是实践验证，收集成功故事，进一步迭代或完善自标杆萃取出来的 1.0 版本的经验。

总的来说,有效的经验萃取的前提是,找对问题,然后开对药方。有些药方有一些适用条件,比如适应什么"症状",什么情况不适用。还有些要测试有效性,比如要找一些"试药员"试用,等到实验成功了再做大规模的复制。

本章思维导图

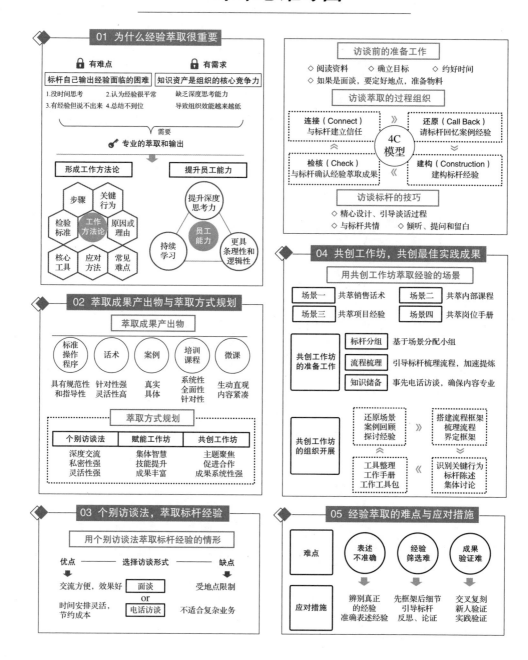

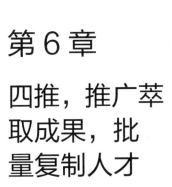

第6章

四推，推广萃
取成果，批
量复制人才

01
为什么大部分萃取没有带来绩效转化

萃取作为知识管理中重要的一环，本应是推动企业绩效提升的有力工具，但在实践中效果却往往不尽人意，大部分萃取项目都未能带来显著的绩效提升。

1. 萃取成果没有转化为绩效的原因

第一，萃取成果覆盖面太广、数量众多。很多企业做萃取项目喜欢搞大阵仗，一次性开发大量的课程、案例，最终形成大量的学习内容，看起来成果很丰富，但对员工而言，不知道该选择学习什么。

第二，缺乏有效的推广和应用机制。如果萃取成果只是被简单地放在公司的硬盘里或在线学习平台上，而没有对它进行有针对性的推广和宣传，那么大部分员工可能还不知道这些成果的存在，更谈不上学习和应用了。

第三，缺乏持续的支持和跟进。萃取项目的成功并非一蹴而就，需要持续的支持和跟进。如果企业在萃取完成后就放任不管，没有提供必要的支持，那么员工在尝试应用这些经验时遇到困难和挫折而没有人来帮助，最后只能选择放弃使用。

第四，培训方式和方法不当。萃取出的经验需要通过有效的培训传递给员工。很多企业做内训师项目，是希望内训师能够承担独立的授课任务，但在实践中，企业培养的内训师往往缺乏实战教学技巧，不是讲课方式过于单调、枯燥，就是讲授的东西员工听不进去，让内训师也倍感挫败。

第五，缺乏激励和考核机制。如果企业没有建立相应的激励和考核机制来鼓励员工学习和应用萃取出的经验，那么员工可能缺乏动力去学习和改变自己的行为。比如，当一个企业没有将绩效与学习和应用情况挂钩，那么员工可能认为学习和应用这些经验对他们的工作没有实际帮助，从而缺乏积极性。在这种情况下，即使开展实战教学让员工在课堂上学会了这些经验，员工也不会将其运用到实际工作中，白白浪费了企业和标杆的努力。

这个问题需要引起企业的重视。如果现阶段的目标是把萃取当作一项技能培训或是员工福利，追求覆盖面大、成果数量多，让企业形成良好的萃取文化，成为学习型组织，那就不必关注应用情况。但如果目标是解决企业的关键人才瓶颈问题，那么就必须充分认识并抓住业务发展的关键问题，萃取少而精的主题经验，才能复制业务急需的人才。

2. 实战型培训项目的设计

萃取优秀员工的经验并将其转化为可复制的方法传授给其他员工，使他们能够将其转化为实际的绩效，是我对实战型培训项目的核心理解。而要实现这一目标，还需要设计实战型的教学方案，确保员工能够在实践中真正掌握和运用所学知识。

美国国家训练实验室研究证实，采用不同的学习方式，学习者平均效率是完全不同的，这就是著名的"学习吸收率金字塔"。从下图中我们可以看到，被动学习的方式虽然能够让我们获得一定的知识，但其效果往往有限。而主动学习的方式，如小组讨论、实操演练等，则能够带来更为深刻的学习体验，使我们能更好地掌握知识和技能。

实战型培训项目需要萃取的大部分成果都属于技能型知识。而技能的掌握离不开大量的实践和练习。因此，我们需要开展高强度的课堂训练，让员工在实际操作中不断磨炼和提升技能。除此之外，还要关注训后的落地实施，确保员工能够将所学技能真正应用到实际工作中。

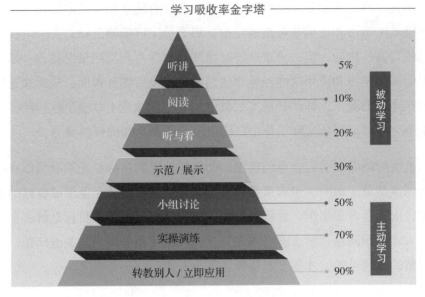

图来源：百度百科"学习金字塔"词条。

为了确保训练成果的有效落地，通常需要企业从多个方面给予支持。

首先，要尽可能提供与实际工作场景相似的训练环境。比如针对销售的培训项目，可以搭建销售模拟现场，让员工能够在相似的环境中熟悉和掌握技能。

其次，提供的工具和资料要符合实际情况，有针对性。比如针对销售的培训项目，不要只讲大道理，要提供一套销售话术，确保员工能够将其拿到实践中使用。

再次，企业还需要在企业文化中强调学习和成长的重要性，给予分享经验的员工肯定和荣誉，激发他们的积极性，让他们感受到企业对他们的期望和支持。

最后，在成果上，企业需要设立明确的激励机制。要及时看见、鼓励积极学习并且运用萃取成果做出成绩的员工，给予适当的奖励和认可，请他们分享经验，激发他们的学习热情和积极性。

3. 实战型培训项目设计的创新方案

第一种方案是建立技能认证体系。技能认证体系是一种通过标准化、规范化的技能测试和评估，对学员的技能水平进行客观、公正评价的系统。这种方法特别适合那些需要明确技能标准、确保技能掌握的工作领域。

通过设立明确的技能标准和认证流程，我们可以对学员的技能水平进行客观评估，确保他们具备胜任工作的基本能力。同时，技能认证体系还可以与员工的职业发展相结合，为他们的晋升和薪酬调整提供依据，激励员工不断提高自己的技能水平。

第二种方案是实战型案例教学。案例教学是一种以实际情境为背景，通过对模拟或真实案例的分析与讨论，引导学员在解决问题中学习和掌握知识的教学方法。这种方法特别适合那些需要综合运用知识、灵活应变和团队合作的复杂工作场景。

在实战型案例教学中，我们精心挑选与企业实际工作密切相关的案例，通过角色扮演、小组讨论等形式，让学员身临其境地感受实际工作中的挑战与机遇。同时，我们还可以邀请经验丰富的员工担任案例讲解员，与学员分享他们的实践经验和心得体会，为学员提供更为生动和具体的学习体验。

02
强效实战型培训项目的设计

企业设计课程的目的是解决问题，或者完成工作任务。企业开设课程的主要目的，不是让员工掌握很多知识，而是要让员工学会如何应用知识，得到企业需要的业务结果。所以人才复制的核心就是要教会员工怎样在工作中应用学到的知识。工作时怎么做，培训时就怎么练。

所以企业的课程并不是完全按照知识教学逻辑组织的，而是以指导员工实战的逻辑来组织的。

1. 实战型培训的要求

我总结了四句话，就是：围绕实际问题；提供解决方案；现场实战练习；回去就能用上。

围绕实际问题。做线下培训是一种很"重"的形式，一定要聚焦企业的真实业务问题，也是学员真正感兴趣的问题。

提供解决方案。我们要把标杆的经验萃取成果作为问题的解决方案教授给学员。

现场实战练习。我们需要在课堂上设计实战练习环节，对学员来说，不是听听而已，必须现场实现技能转化，并且进行考核。

回去就能用上。我们要让学员学到技能后，能够学以致用。

虽然这四句要求看起来很朴素，但是多年来非常受客户认可。首先，它们符合客户期望，是客户想要的培训效果；其次，它们符合经典的教学设计原理。你可能会好奇：什么是教学设计原理？如果你也是做课程开发的，相信你应该听过戴维·梅瑞尔教授的五星教学法。

我在这里简单地介绍一下五星教学法的精髓，如果大家感兴趣可以自己去翻阅梅瑞尔教授的《首要教学原理》。我很喜欢的五星教学法的理念是，我们的培训需要教会学员如何解决问题。五星教学法的第一步，就是聚焦问题，通过一个真实的问题引发学员的兴趣和关注；第二步是激活学员的旧知，思考他们目前对这个问题是如何思考的；第三步是示证新知，标杆讲解萃取的经验成果即解决方案；第四步是应用新知，让学员做实战练习，标杆给予辅导反馈；第五步是融会贯通，布置课后实践任务，学以致用。

2. 拆解实战型培训过程

在前面讲到的会销课程经验推广案例中，我就是基于五星教学法的理念设计了两天的实战教学过程。我为这场会销技能集训设定的目标，就是让学员在两天的培训中，能够掌握会销的流程话术，在实战考评中能够展示出合格的会销行为。

所以为期 2 天的工作坊的流程是这样的。

第一步，业务部门做开场演讲，先讲清楚为什么需要大家来；会销模式是什么；会销在上海的成功案例；接下来大家的任务是什么；学会会销流程话术有什么好处。

这个步骤非常重要，讲清楚了"与我何干"，同时也让学员明确了学习目标。我们还告知学员两天培训的安排是什么。第一天白天学习标杆的会销经验，晚上要自己整理营销话术；第二天上午开展组内情景练习，下午进行全员实战考评。我们为考评合格的学员颁发合格证书，并且将本次考核结果通知给各个分公司。

这样一来，学员就非常认真、积极和投入了，因为要拿到合格证书，并且现场就要让他们去做，他们的心态就不是听听而已了。

第二步，让标杆分享经验，要学练结合。在这个过程中，标杆负责讲解经验和点评成果，我作为主持人和引导师负责组织培训活动，引导学员反思、练习。

因为标杆不是经过专业训练的培训师，所以他们不会组织教学，培训活动的这些部分是由我来完成的。

3. 实战型培训的特点

第一，化整为零。如果让标杆连续讲他的内容，估计超过半个小时大家就听不下去了，培训效果不会好。所以我把标杆的经验按照做会销的流程步骤，切分成 6 个模块。每个部分的学习时间为 1 小时，其中标杆讲 20 分钟、学员提问交流 20 分钟，然后马上安排练习 20 分钟。这样做的好处是，每次需要讲的时间比较短，标杆压力不大，而且学员听完马上反思、练习，印象更加深刻，学习的效果更好。

第二，即学即用。一般的课程设计是先讲理论、知识，然后安排实操。但是学到后面，学员都忘记前面讲的内容了。所以，我设计的教学流程就是聚焦问题、讲解标杆做法，组织问答或问题交流，然后学员现场就试着练习。比如会销课程，白天学员主要学习标杆的做法，建构自己的理解。到了晚上，就要让他们根据白天学习的内容，编写自己的销售话术。

第三，实战练习。第二天上午，我设计了一种很特别的小组演练方式。我为每个小组都安排了一位辅导员，由辅导员组织，让学员在小组内依次上台讲解，练习销售话术，其他组员扮演受众，站在客户的角度给予反馈，哪句话说得好，哪句话说得不合适，马上指出来。这是对他们非常有用的环节，能让学员立刻发现自己的不足，同时吸取别人的话术精髓，加深对话术的理解。

第四，技能考评。不考评学员就不会投入，所以我设计了考核环节。给通过考核的学员发放资格证书。这个考核就是将学员分组，每个组安排2名考官，让学员任意选一个模块进行演练，考官要对学员的演练给出反馈和点评，并且根据打分情况，最终确定是否通过。

在这个教学过程中，标杆只负责讲解他的经验，组织课堂互动和实战练习需要有很强的引导和控场能力，由我来负责。这样让标杆感觉很轻松，他不必成为引导师和培训师。通过这样的方式，标杆教学没有太大的难度和压力，他很愿意在台上分享经验和跟学员互动。

对于学员来说，因为标杆讲的都是干货，他们现学现用，有问题现场解决，而不是听了两天之后懵懵懂懂地回去实践，遇到问题就容易放弃。

所以实战型的课程，就是要在课堂上见证学员的改变，这个改变是从认知到行为的改变。

在另一个销售经验赋能的案例中，我们的设计逻辑也是类似的。这个项目旨在帮助企业萃取出一套大客户销售的成单路径和销售工具。这套成单路径和销售工具，是企业组织了目前的销售标杆共创出来的。企业要把这套方法和工具用于组织内部赋能，让全体销售人员能够真正理解、领会。虽然大客户销售并不是简单卖个产品，这套方法论也不是一套简单的话术，现场就能学会，但是我们需要让每个销售人员在认知上经过检验，如果不能理解，那就谈不上应用了。

在实际赋能的阶段，我们的设计逻辑是一致的，但是在具体的环节上有一些不同。

1）化整为零。把销售成单路径划分成几个步骤。在每个步骤中安排不同的销售标杆讲解该步骤的销售任务、关键销售行为、销售工具等。

2）即学即用。学员听完，立即在小组内复述自己对该阶段销售流程的理解。如果有讲得不对的地方，马上能得到纠正。

3）实战考评。在第二天下午的实战考评环节，学员抽签决定讲哪个阶段的销售流程。这样可以让学员感到一些压力，让他们不得不去钻研每个阶段的销售流程，以确保自己不会讲错。

4）实战校验。最后，我们让学员思考自己如何用这套流程工具去做销售，并且每个人要结合自己的案例，写一篇应用报告。

培训是不是就能够保证学员课后学以致用呢？还不一定，因为学员是否会运用这套经验萃取的成果，不但取决于他们是否理解掌握，还取决于组织有没有为员工提供有效的支持。经验不萃取是浪费，如果萃而不用，那是更大的浪费。

03

训后跟进三步，让培训转化为绩效

几年前的培训，课程结束一般就结束了。很多培训因"课堂听听很激动，回去想想很感动，然后一动不动"而被人诟病。培训没有转化为行为，就不会产生绩效。

但是我也很高兴地看到，现在的培训界对于培训效果落地越来越看重。尤其是经验萃取和复制推广的培训的目的就是产生业务结果。因此，产生业务结果，才是做经验萃取的最后一个也是最重要的步骤。

很多人都听说过柯氏四级评估法，第一级是反应评估，第二级是学习评估，第三级是行为评估，第四级是结果评估。这四个级别是逐级递进的关系。应用到培训中，首先是学员接受认可，其次是学员理解掌握，再次是学员能够实际做到，最后才是产生绩效结果。

柯氏四级评估

	评估层次	结果标准	评估重点
1		反应	学员满意度
2		学习	学到的知识、态度、技能、行为
3		行为	工作行为的改进
4		结果	工作中产生的结果

上一节提到的实战型培训组织方式，其实就是对应了柯氏四级评估的第三级，让学员能够在课堂上做行为模式的训练。当然，课堂只是提供了一个

仿真的环境，让学员去试做，而且只是初步达到了行为标准。这种行为模式并不稳固，还没有达到内化的程度，而且也未必与实际的业务场景完全匹配，需要他们回去校验。

因此，在完成实战课程训练后，还有两件重要的事情要做，一要设计训后转化机制，二要设计绩效评估方案。这节先讲如何设计训后转化机制，让学员能够学以致用。

训后跟进的目的有三个，第一，为学员创造应用场景；第二，评估学员行为变化；第三，评估绩效变化。

1. 为学员创造应用场景

创造应用场景是一种必需的安排。因为学员在听完课以后可能会跃跃欲试，但是当他回到公司，公司不一定有条件让他这么做，上级领导不一定支持他这么做，时间长了就忘记了。所以每次培训后，一定要设计一个让学员能够学以致用的机制。

比如，在会销案例中，我们培训了学员如何做会销，如果学员回去以后不开展落地行动，那就没有学以致用的机会，因此这家公司总部发文，要求各个分公司开展会销工作，列出工作计划。

再比如，在客户服务体验提升培训项目结束后，学员知道要创造让客户感到惊喜的服务体验。这个项目要求学员和自己的主管一起讨论，选出哪些客户适合作为服务体验提升的重点对象，规划出在哪些场景中可以改善客户的体验，实现了学以致用。

2. 评估学员行为变化

评估学员的行为变化，目的是要建立一个机制，让学员的实际行为能够得到评估。这就要求设计训后的实战任务，这个任务要能产生业务结果。

比如，上完 TTT 课程，我们要求学员回去要试讲一场课，并且拍摄现场视频、提供学员反馈表。因为学员从知道到做到，需要有一个呈现过程。

在会销案例中，我们就看学员回去做了多少场会销、会销的现场实况录像等。

在客户服务体验提升的培训项目中，我们单独设置了一个部门来跟进客户服务体验的改变。以前客服只看售后服务的满意度评分，现在要追问："这项评分高，是因为我们的服务人员做了什么让你感觉很好？"

要实现从培训到学员行为落地，主要依赖企业对这件事情的重视和管控。因为学员在培训结束后，自觉运用培训所学知识，并产生结果的概率低于 5%。所以我们要跟踪到具体任务的开展过程中，观察学员的具体行为，并且设计可观测的跟踪方式。

常见的跟踪方式包括行为录像、行为反馈、过程指标等。

3. 评估绩效变化

因为我们做的是实战课程开发，所以在课程结束后一定要看到业务结果的变化。如何衡量一次经验推广的成效？看业务结果的变化。一定可以找到能衡量行为和绩效改变的指标。不能衡量就不能被管理，也不能评估到底有没有实现预期的目标。

但是绩效的变化如何衡量？做培训的朋友可能觉得这是一个难题。其实我觉得评估绩效变化只看关键任务的结果指标有没有变化就可以了。

比如，做会销的话，就看会销的相关数据。在会销的课程中，我们要求学员开展会销，每周汇报会销的数据，包括会销现场来了多少人，现场成交多少人，后续成交多少人。这些数据就是业务结果。

有些时候，我们还可以通过设置对照组来呈现这种变化。比如，有一个做信用卡推广的团队，每个成员的工作任务是一样的。借鉴了标杆经验之后的信用卡开卡人数和没有使用标杆经验时的信用卡开卡人数，两组数据对照就可以说明绩效的变化。

做绩效变化的评估，有三个要点，第一，要找准关键任务；第二，要定义可衡量的任务指标；第三，要选择参照时间或参照对象。

总结一下，训后要跟进到行为落地，这是至关重要的一环。业界常说训战，什么叫训战？怎么作战就怎么培训，培训好了就回去实战。

在零售业务中，做完培训以后，我们还会按照片区来组织业绩对标或者业绩评比，这个模式特别能激发学员的动力。大家为了一个目标主动积极地投入，为了自己的绩效而努力。这个时候，学习任何标杆的经验，都是为了帮助学员做业务，而学员会感激公司，不会把学习或者学以致用当成一项任务。

这个环节的难点在于，通常 HR 或培训经理在组织项目后可能无法跟进行为落地。这个环节应该由业务部门负责，培训部门最重要的任务是提供训战结合的方法论，可以让业务部门负责人据此开展对业务结果的管理。

这里我想分享我的一位朋友的做法，她是一家英国鞋业零售公司的培训经理。她和我说，她作为培训经理，是要和业务部门一起承担业务指标的。在英国老板看来，培训部门是不能单独存在的，培训永远是为业务服务的。培训部门不要强调自己培训了多少人次，讲了几门课，重要的是业务结果。

所以她的工作必须要站在业务的角度。假如这个季度公司的业务目标是要增加新品销售，那么培训应该怎么组织？她是这样做的。除了讲授产品知识，她组织筛选新品销量特别高的销售员，萃取他们的销售策略和销售话术，然后做实战培训。组织几十家门店互相结对比拼业绩，然后实时更新业务数据。组织评选每周一星，邀请单品销冠来做经验分享。就这样，大家互相促进、你追我赶。她还会上门给那些业绩冠军颁发证书和奖品，然后拍照发到门店群里。整个过程做得很有仪式感。

这个培训她自己也做得非常有成就感。她跟我说，公司最近十几年很少请外面的老师来讲课，因为她在企业里干的就是萃取师加培训师的活。培训部门人员非常精简，只有 3 个人，要面对这么多的门店员工，还能把培训做得有声有色，值得我们学习借鉴。

这样就形成了一套组织经验的内生循环，可以让经验不断地迭代、更新。培训部门真正成为公司的知识管理官。

04 ——
开展业务复盘，更新迭代萃取成果

在一次工作坊中，有位销售总监问了我一个问题。她说："罗老师，我们这些经验萃取出来之后，我感觉可能它只在一段时间内有效，因为业务会一直变化，我们怎么能够保证对这些经验有人在持续地迭代、完善？"

不得不说，这位销售总监是非常务实的。她已经考虑到业务会不断地变化，不能用一成不变的经验去指导变化的实践，因此针对经验萃取的成果，需要建立一套复盘、更新迭代的机制。

开展业务复盘的目的有两个，一是校验标杆经验的实际效用，查漏补缺、优化完善；二是从实践中收集成功故事，萃取更优秀的经验，然后做萃取成果的更新迭代。

具体怎么做业务复盘呢？

1. 建立观察反馈机制

在经验萃取赋能之后，要设置一个合理的观察期，比如通过对业务结果做数据分析，发现哪个区域、哪个团队或者哪个标杆有出类拔萃的表现。这个观察期间最好是能够让学员学以致用、产出结果的一个时间段。比如做零售的经验赋能后，一般 2 周内就会出结果。如果做的是大客户销售的经验赋能，要设置 3 个月到 6 个月的观察期。

在观察期内，可以通过对新的标杆进行萃取访谈，挖掘他们的成功原因，是用了经验萃取的成果，还是其他的原因。我们可以判断其中是否有值得进一步萃取的价值，有些经验可能在实际使用中存在一些个性化或者不能落地的部分，需要进一步进行优化。

比如，在会销案例中，学习了上海分公司标杆的经验萃取成果后，位于广东、安徽等地的分公司产生了更好的业务结果，实现了 90% 以上的成交率。这就让别的分公司感到非常好奇，到底他们做对了什么？通过对这些分公司的标杆进行访谈萃取后，我们发现他们在销售过程中有一些独创性的做法。他们在会销现场准备了报课赠礼活动，赠送了一些很受欢迎的应季礼品，比如冬天马上要到了，报名就送一床羽绒被，还有可以赠送给父母的养生茶壶。这些精心挑选的促销礼物，配合主持人的一番非常走心、温暖的话，就很打动受众。

这些好的经验，我们可以进一步地收集、萃取。那具体怎么做呢？我建议可以召开成功故事会。

2. 召开成功故事会

在经验推广的过程中，非常重要的是要让学员积极地去使用经验，并且及时传播好消息，营造一种积极的、充满正能量的氛围。当学员取得成果时，他们也会非常兴奋，想和团队去分享这个成果，这也是对标杆最好的激励。而业务管理者也要善用这种正能量，激励其他的团队成员主动积极地尝试，产生更加正面的结果。

在一个客户服务体验提升的案例中，我们在训后给学员发一张成功故事表（见下表）。让学员用这张表格把行动记录下来，包括他们在和客户交流的过程中做了什么事情，用到了培训中教会的哪些方法、话术，达成了什么结果，和之前对比产生了什么不同。然后在每周的周例会上进行分享，对团队其他成员积极应用经验萃取成果产生了很大的促动作用，同时他们可以了解更多和自己场景相关的案例，非常有用。

成功故事要点	具体情况
我遇到了什么情境	
我的具体做法	
用到课程中的哪些方法、话术	
结果如何	
我的心得体会	之前我是怎样的 现在我是怎样的 我的收获是什么

3. 定期召开复盘分析会

在经验萃取成果推行一段时间后，项目负责人可以召集标杆和优秀实践者，召开一次线上或线下的复盘分析会。召开复盘分析会的主要目的就是研究我们用这套经验萃取成果产生了哪些成功故事；经验萃取成果中哪些部分可以保留、优化，哪些部分不合适，建议删去或者用新的经验萃取成果代替。企业需要选定一个人来对这套萃取成果进行修订编撰，再向全员发布。

比如，在一个销售成单路径和销售工具萃取项目中，我会在这套方法论进行全体赋能后，选择一个合适的时间进行业务复盘。之前已经布置过实战校验任务了，接下来就要看实战校验结果，看有没有需要对成单路径和销售工具进行迭代更新的地方，进而形成一套新的销售方法论和销售工具。

这项工作应该是持续性的，也必须要有专人对该经验萃取成果进行维护和更新。因为经验是动态变化的，就像田里的麦子，熟了一茬就得收割一茬。不然老的麦子烂在仓库里没法吃，新的麦子烂在地里没人管，那都是浪费。

　　所以经验萃取成果一般都会标注更新日期和更新说明，附上一系列成功案例。久而久之，企业就会打磨出一套非常接地气的方法论、工具和案例，让新手可以快速上手，让经验可以快速传播。

本章思维导图

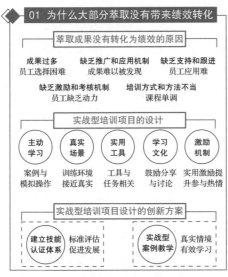

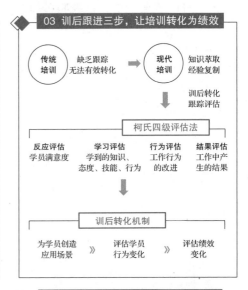

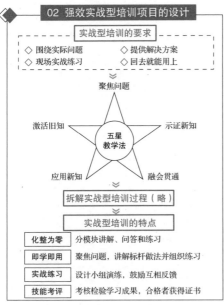

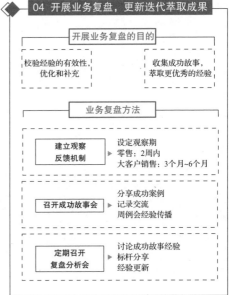

第 7 章

人才复制与
业绩倍增
成功案例

01 —
萃取产品销售话术，实现业绩倍增

1. 案例背景

有一家跻身世界 500 强企业的生物研究设备公司，销售的是全球顶尖的生物研究设备，尽管产品在性能上无可挑剔，给客户提供了当下最领先的解决方案，但公司面临的一大挑战是产品客单价非常高，比主要竞品高了30%。

公司的很多销售员对于这个产品的亮点讲得不清楚，同时，由于销售员无法回应客户对价格的质疑，经常在投标环节败给竞争对手，造成客户资源的浪费。因为产品经理做的产品介绍 PPT 比较专业，不容易转换成客户好理解的语言，销售员在平时的使用中面临着很多难题和挑战。

HR 看到了问题的症结：产品贵是事实，但是在这种情况下，还是有很多销售员把产品卖出去了，产品在一些区域的市场份额甚至高于竞品。那怎样把这些优秀的销售经验萃取出来，帮助其他销售员掌握这个产品的卖点和用户价值？

为此，她找到了我们团队。

2. 项目挑战

该公司高管 A 总提出了多个问题：第一，不知道哪些销售员的经验具备可复制性。个别销售员卖掉了产品可能不是因为他们的能力强，而是运气好，遇到的区域资源比较好。第二，不同的销售员拥有不同的销售经验，怎样萃取整合，形成一套标准化的销售话术？不同客户的情况都不同，这个思路可行吗？另外，萃取师完全没有医疗、生物相关专业的背景，可以萃取到真正有价值的经验吗？

3. 解决过程

根据人才复制"定选萃推"模型，我设计了如下图所示的四个阶段的萃取方案。先要清楚地界定萃取的目标，有的放矢地选择标杆，然后萃取标杆经验，最后做批量的推广复制。

第一步，定主题。开发大客户的业务流程很长，包括商机开拓、需求洞察、关键人物的接触、信任的建立，初次意向沟通、现场讲座、方案投标，以及项目签约等。如果面面俱到地萃取，会失去焦点，工作量也会非常大。

我们先来聚焦问题，界定萃取的目标：

我询问："当前哪个销售环节是销售团队最薄弱的环节？"

A 总认为目前集中出现的问题是，给意向客户做产品讲座的时候，很多销售员的发言是缺乏逻辑性和感染力的。销售员对客户的痛点理解不深，对我司产品的亮点和价值讲解不到位，在回应客户质疑方面不够有力，抓不住客户的需求。

我接着问 A 总："如果这个讲座没做好，会带来什么影响呢？"

A 总认为，如果这个讲座没有做好，会导致错失商机，被竞品抢占机会等（判断做讲座是否为关键任务，会不会影响到业务结果）。

我又问："那么能够做好这类讲座的销售员，他们有什么表现呢？举个例子？"

A 总举例说明有些销售员很会讲产品，他们抛出的每个亮点都和客户当前的需求有关，而且讲得很生动精彩，客户也听得津津有味。同时他们也擅长指出客户没想到的需求，给客户眼前一亮的感觉。最厉害的是，对客户提出的各种问题他们都能接得住（说明有最佳实践，并且行为可复制）。

> **诊断结论**：如何成功地举办一次产品讲座，提升销售员的影响力，提升客户的购买意愿，就是这次萃取的主题。因为这是促进潜在客户实现购买的关键任务，对于推动销售业绩至关重要。

第二步，选标杆。

a）选标杆的原则。选择高绩效和高意向的标杆。销售队伍一共有近 40 人，选 7 位业绩排名靠前并且愿意分享经验的销售员作为萃取的标杆。

b）激发标杆的意愿。HR 组织销售负责人和标杆召开启动会，由总经理向大家讲解这个项目的背景和初衷，调动标杆的积极性。会后总经理布置了萃取前的工作任务：提供一份自己平时常用的产品讲座 PPT，并写一个自己的成功故事。

第三步，萃经验。围绕标杆开展经验萃取的访谈。

a）大面积访谈。我当时访谈了 7 位标杆，我让每个人花 30 分钟分享他们的案例，模拟一次典型的销售产品讲座，我则边听边记录亮点。

识别亮点经验的重点问题如下。

你去拜访客户之前做了哪些准备工作？
你怎样了解客户关键人的主要诉求？
你当时的主要思路是怎样的？

在你的讲述过程中哪些地方最让客户心动？

客户还问了你什么问题，你是如何回答的？

你能不能把当时分享的 PPT 打开，还原一下当时的过程和你重点讲的内容？

这里值得注意的是，我们重点关注的是销售员自身的努力，尤其是在产品和话术的部分。当然客户成交肯定还有其他的因素，比如销售员个人的魅力，或者是长久经营的良好关系网等，但是要重点关注对结果有关键影响的，且可以被萃取、被复制的部分。

b）小范围聚焦。根据访谈中记录下来的销售亮点，我选出 4 位特别有代表性的标杆。目标就是从这 4 位标杆身上萃取经验，形成一套标准化的产品讲座 PPT 和话术。

为什么这个项目里的萃取成果物需要一套讲座 PPT 和话术？因为销售的场景是向客户做产品讲座，PPT 是必不可少的，而话术则需要事先准备好，并且熟练掌握。

c）萃取整理产品讲座 PPT 和话术。萃取的过程按照先框架、再细节的思路展开。在访谈了几位标杆后，我先搭建了一个框架（见下图），这个框架涵盖了公司背景、产品介绍、成功案例、异议处理等多个模块。这个框架得到了所有标杆的认可。

有了框架才能收纳细节。搭建完这个框架，我再对各位标杆的话术亮点、案例亮点、解答客户异议的亮点进行整理，填进框架中，完成产品讲座 PPT 的内容初稿。在完善内容的过程中，还要对相关的素材进行积累与整合。无论是产品图片、客户反馈，还是市场数据，我都进行了精心的筛选和整理，以确保 PPT 内容丰富，专业性强。

同时，为了便于让新销售员能够对 PPT 内容有更好的理解，在 PPT 内容基本定稿以后，我对销售话术进行了多次打磨和优化，并写成销售话术稿。事实证明，从实战中提炼的话术稿是复制销售经验的灵魂工具，拿来就能用，而且可以灵活运用。

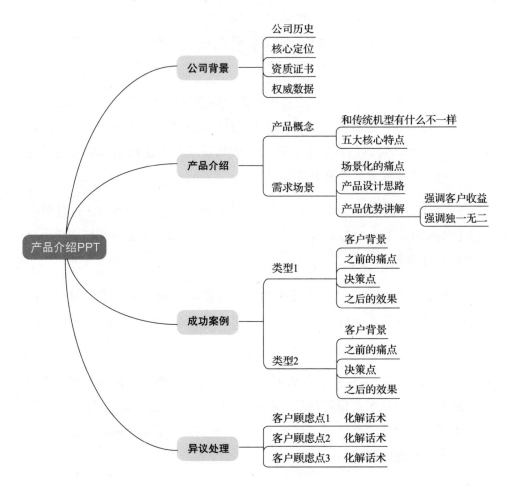

d）组织试讲。我们组织了销售试讲活动。通过这一环节，我们不仅帮助销售员提升了演讲水平，还让他们更加深入地理解了自己的销售话术和PPT内容。

经过多次的试讲和打磨，一套完善的销售PPT和话术形成了。这套资料不仅涵盖了产品的所有信息，还融入了销售标杆的实战经验和智慧。它凝聚了优秀销售员的经验，同时也赋能了销售新人，让他们能够更加自信和专业地面对客户。

但是仅仅把成果萃取出来，做成 PPT 和话术资料直接发给销售员，效果仍然是不理想的，因为销售员可能没看，可能没看懂，还可能消化吸收得有限，没有信心使用。因此，我们又做了一场人才复制工作坊，让标杆讲解这些 PPT 和话术，要让销售员不但知其然更知其所以然，并且能够用自己的话讲出来。

第四步，推复制。为期 2 天的人才复制工作坊设计如下。

第一天，我们要求销售员深入理解标杆的讲解内容，并用自己的语言进行复述。这一环节不仅考验了销售员对产品的理解，也锻炼了他们的表达能力和逻辑思维能力。通过这一环节，销售员对产品的认识更加深入，为后续的实战演练打下了坚实基础。

第二天，我们组织了内部演练和点评环节。销售员先分组进行模拟销售场景演练，现场评审团则对他们的表现进行点评和指导。这一环节让销售员有机会将所学技巧付诸实践，并在实践中得到修正和完善。下午，我们进行了实战考核，要求销售员在实际销售环境中运用所学技巧进行销售。这一环节考验了销售员的应变能力和实战能力，也让他们更加熟悉销售技巧。

为了确保每位销售员的销售能力都能得到有效提升，我采用了一套技能考核体系（见下表）对销售员的产品销讲技能进行考核评估。得分在 85 分以上的，认证为公司的产品讲师。同时，我们也注重营造积极向上的学习氛围，让销售员在轻松愉快的氛围中学习和成长。

维度	评价项目	评价内容	评分
内容重点	话术重点（40分）	讲解过程中能够指出客户潜在的痛点和难点，紧紧围绕客户需求介绍产品优势和特点，话术清晰，内容专业有说服力	
	内容逻辑（30分）	阐述内容逻辑清晰，条理分明，详略得当	

（续）

维度	评价项目	评价内容	评分
演讲能力	呈现技巧（5分）	善用数据、正反案例等说明我司的优势，能够让听众印象深刻	
	语言表达（5分）	语言描述清晰，语气和声调有高低起伏，口头语少，重点处有停顿、有突出	
	肢体语言（5分）	大方自信，善用眼神、表情和肢体语言	
答疑技巧	互动答疑（10分）	能够通过提问澄清客户的意图，聆听客户的顾虑，回答问题有针对性，善于互动	
	竞品分析（5分）	答疑时能够讲解我司产品相对于竞品的优势和不同点，既不贬低竞品，又能呈现我司产品优势	
评语	亮点： 提升点：		

4. 案例结果

项目结束半年后，我们惊喜地发现，参与项目的销售员对产品的理解程度有了显著深化，他们的销售业绩也实现了大幅提升。这一套产品讲座的 PPT 和销售话术非常及时地解决了他们在销售中讲不清楚、说不明白的问题。

A 总表示，这次培训非常有效，让他们收获颇丰。第二年，该公司又跟我预定了另一款产品的销售讲座 PPT 和话术的萃取服务。

5. 项目点评

首先，精准萃取经验。这个项目的萃取目标非常明确，没有对销售过程面面俱到地加以萃取，而是聚焦当前业务中的卡点、痛点——销售员的产品讲座能力。同时，选取标杆的过程也很精准，只选择业绩高并且话术有可复制性的员工。紧紧围绕萃取目标来挖掘标杆经验中的亮点，保障了萃取成果精准聚焦，避免了贪大求全或者破碎零散。

其次，萃取团队经验。萃取师在这个项目中起到的关键作用是，萃取标杆的优秀经验，引导标杆共创一份成果，把标杆的智慧融合形成一套标准化的产品讲座 PPT 和话术。如果没有萃取师对每位标杆挖掘亮点、提炼框架、整理细节、梳理话术的过程，那就无法集众人所长，留存为公司的知识资产。

再次，萃取成果复制。我们没有仅仅停留在知识输出的层面，更重要的是做了萃取成果的推广复制。2 天的人才复制工作坊能帮助销售员迅速掌握核心技巧，并通过内部演练和实战考核实现技能的巩固和提升。这种实战化的培训方式，使得销售员能够更好地理解和应用所学知识，也更容易将所学技巧转化为实际的销售业绩。同时，技能考核体系也极大地激发了大家的学习积极性。

最后，这类项目也有其难点和挑战。

第一，如何引导多人达成共识。比如有些 PPT 讲解的逻辑、话术在风格上不一样的时候，不要强求一致，萃取师要有很强的本质洞察能力，理解标杆的不同意见背后的考虑，并且求同存异，达成共识。

第二，这个项目的内容是完全超出萃取师的专业领域的。萃取师可以不懂客户的专业领域，但是要理解这类经验的底层逻辑，快速搭建出知识体系框架。这要依赖萃取师平时的积累。

02 —
萃取标杆经验，打造卓越客户服务体验

1. 客户背景

客户是一家全球性的咨询服务公司，主要为企业提供行政、人力资源等相关服务。由于面临激烈的竞争，公司高层希望打造卓越的客户服务体验，提升客户的满意度，建立在行业内首屈一指的口碑。但是由于目前市面上的客户服务课程多数与该公司的业务场景不相匹配，打造卓越的客户服务体验，提升客户满意度的解决方案只能考虑从公司内部进行挖掘、输出。

2. 难点问题

首先，客户服务体验是一个比较虚的概念，而且对于影响客户服务体验的痛点问题究竟有哪些，公司也没有现成的结论。

其次，每个部门都认为自己的服务产品与其他部门的不同，影响客户服务体验的问题不一样，对萃取经验进而推广复制的逻辑存在疑虑。

3. 解决过程

公司的目标是提升客户的满意度，但是究竟应该从哪里入手，萃取什么经验？需要先确定主题。确定主题后，在公司内部选取标杆，针对性地萃取经验，再对标杆经验进行推广复制。因此经验萃取实战项目设计需要依据人才复制模型，一定、二选、三萃、四推。

一定，定主题。

在项目初期，客户满意度提升只是高层的一个价值主张，如何找到各部门在客户满意度提升中的痛点，以及梳理出各部门存在的一些共性问题，是首先需要解决的。因此我要求各部门选派业务骨干前来参与"客户服务体验问题场景梳理工作坊"。

我设计的问题场景梳理工作坊环节如下：

a）回顾高光时刻。在工作坊中，我先请每位业务骨干通过选择图卡代言的方式，回顾了自己被客户认可的高光时刻。比如，曾经被客户发邮件表扬，或者客户请自己喝了一杯奶茶等。通过这个环节让业务骨干分享因提供卓越服务而得到认可的欣喜感受，认可卓越服务对公司、对个人的意义。

b）回顾灰暗时刻。接下来，我请各位业务骨干回顾自己部门中曾经被客户投诉的事件，客户投诉的问题是什么，当时客户是怎么说的，以及当事人或自己的内心感受。我请他们思考如果这样的问题不解决，可能会带来什么样的结果。大家的分享都特别感人，比如可能会让客户很失望；客户会用脚投票；当事人会很沮丧，产生抱怨不满情绪，影响团队协作等。

c）对问题场景进行定义。在业务骨干分享了客户服务体验中的负面案例后，我带领业务骨干对引起客户投诉的原因进行分类，并且提炼每个类型的问题名称，如"客服变动带来的一致性问题""不能顺利交付时的客户告知问题"等。再结合部门的实际情况，对每个类型的问题场景进行定义，如"在我司客服人员变动时，因为前后任客服交接不到位，客户需要与新任客服重新打交道、磨合，导致客户体验不佳，产生投诉或不满等问题"。

通过这个阶段的工作，我带领各部门的业务骨干共创研讨，产出影响客户服务体验的若干问题场景，大家发现原来这九大问题场景具有高度的相似性。公司高管对这九大问题场景的梳理成果非常认可，认为梳理出了目前客户服务中的典型问题。

二选，选标杆。

在梳理完各部门的问题场景后，需要解决的问题就浮出水面了。在公司内部是否有这方面的标杆？他们的成功案例是什么？他们的成功案例是否能够对应解决该场景的问题？

为此，我请各部门负责人根据本部门的问题清单，填写下表，推荐标杆，由标杆提供成功案例。我们根据案例描述来研判，标杆的经验是否能够解决当前的痛点问题。经过分析和审核，确定了参与经验萃取工作坊的标杆人选名单。

关键场景	标杆姓名	举荐理由 （标杆的成功案例要和场景相关）

三萃，萃经验。

我们按照每个问题场景配一个课题组的形式对标杆进行分组，在萃取师的引导下，标杆对自己的案例进行回顾、分析，提炼出自己在面临该问题场景时解决问题的思考框架和关键细节。在研讨过程中，标杆之间产生了强烈的共鸣，也梳理出了相似的问题解决方法论，且提供了不同的真实案例。我们要求各组的产出成果要包括案例事件描述、解决该类问题的思考框架、关键方法和实用工具。

值得注意的是，对于标杆在工作坊中产出的成果，萃取师需要及时关注质量，并且一定要让标杆之间互相提问、交叉审核。在交流过程中，萃取师会发现有的经验浮于表面，不够深入；有的经验还停留在特殊事件中，未做升维；有的经验描述过于简略，缺少关键细节；还有的经验表述不够严谨，容易产生歧义。萃取师要及时关注这些问题，把控成果的质量，并且要运用好现场的标杆资源，让标杆帮助做经验萃取。

工作坊结束后，我们将萃取成果编写成册，产出《卓越客户服务体验案例集》。

四推，推复制。

产出萃取成果后，为了检验经验萃取成果的有效性，公司组织"打造卓越客户服务体验"案例交流工作坊，让各部门选派代表参加。

实战校验的结果让人欣喜，大家一致认为这些萃取的最佳实践案例非常贴近他们的实际工作，并且经过萃取梳理出的解决问题的框架、方法和工具非常实用。

4. 案例结果

公司高管对于最终交付的成果也很满意，他说道："外部讲师能教授通用的方法论，但与我们公司的情况不太贴合。而这些萃取成果基于我们公司的业务实践，对我们公司很有价值，便于推广落地。"

5. 项目点评

严谨的经验萃取项目需要精准定义问题、精准选取标杆、精准萃取经验、精准推广复制。

1）精准定义问题

首先，真正有价值的经验萃取项目，需要从精准识别问题开始。项目一开始，公司也并不清楚到底有哪些问题影响到客户满意度，因此识别真正的问题就成为萃取经验的重要前提。这也是体现萃取师价值的部分，能否梳理、分析问题，而不是简单地传授方法论。

其次，对问题的定义，需要精准简练。在识别出问题后，需要对问题进行精准的定义。可以尝试用这样的句式来进行问题的定义：在 ×× 过程中，由于 ×× 原因，导致 ×× 结果。一句话讲清楚任务场景、产生问题的原因，以及带来的具体影响是什么。很多标杆虽然心里知道是什么，但是缺少将问题准确定性的能力。这个过程需要萃取师的引导和帮助，在现场要快速理解标杆的想法、帮助标杆做出清晰的陈述，并引导其他标杆发表意见，直到达成共识。

2）精准选取标杆

标杆是经验的载体，因此选取标杆一定要选择有经验、做出过成功案例的优秀员工。如何检验标杆是否有解决问题场景所需的成功经验？可以通过让标杆写案例底稿的形式，快速获取、快速检验。

特别是以解决问题、实战赋能为导向的经验萃取项目，一定要精准选择标杆，确保选择的都是对的人。一定不要为了凑人数而让一些不相干的人员参加工作坊，这样会分散萃取师的精力，降低学员的投入度。

3）精准萃取经验

萃取经验的过程，是一个去粗取精、去伪存真的过程。精准地萃取，要始终关注标杆的经验与问题场景之间的对应关系。萃取师要从逻辑上判断这个"药方"能不能"治病"？有没有适用条件？会出现什么其他的问题？其他标杆要从内容上判断这条经验是否实用？这样处理客户是否满意？是否符合公司文化？

4）精准推广复制

产出经验萃取成果后，先小范围试点，再大范围推广。试点是为了检验经验的有效性。有些标杆担心自己的经验只适用于本部门，对其他部门是不是有用，这需要在实践中检验。在试点检验通过以后，再进行目标受众的推广复制，就会更加有针对性。

总结一下，做实战型的经验萃取项目，萃取师需要始终围绕组织真正关心的问题或者业务目标，进行选题、选人、萃取、复制，才能收获预期的效果。

03

用萃取方法优化导师制，加速新人成长

1. 客户背景

萃取师王淼任职的公司，对技术新人和销售新人的培养采用传统的传帮带模式，培养周期通常为60天左右。采用这种方式，公司投入了高昂的培训成本，新员工培养周期长，而且用人成本非常高。同时，师傅的教学质量和风格因人而异，没有统一的教学大纲或标准化的教学内容，师傅传授的知识往往是零散的，使得培训效果难以保证。

另外，师傅的负担很重。除了要做好自己的本职工作，师傅还要投入大量时间和精力来指导徒弟，因此，很多人对带新人积极性不高。

2. 难点问题

2024年公司在提出"迭代升级"战略目标时，明确要求将培训时间缩减一半，即从60天减少到30天，这无疑给人力资源部门带来了巨大的挑战，需要他们快速产出人才。

过去，该公司投入了大量时间，并模仿大公司构建了庞大的培训体系，但结果却事与愿违。尽管学员似乎学到了很多知识，但在实际工作中却难以应用，主要因为缺乏个性化和适应性。

因此，人力资源部门面临着两个紧迫的问题：一是如何让新人在30天内学完原本要花60天学习的知识体系；二是如何让新人在学习后能够立即将所学知识应用于实践。

3. 解决过程

这家企业的 HRD 是我们的优秀萃取师学员王淼。她和团队决定采用经验萃取的方法来解决问题。

以销售管培生培训为例，人力资源部对新人带教方案进行了更新迭代：

首先，他们与部门负责人沟通，了解到培训无法落地的主要原因是新人缺乏场景认知，导致理论知识难以指导实践。于是，他们决定优化培训体系，将原本近 40 天的理论课程设计为"10 天必修课"和"选修课"，其中"选修课"采用线上自助学习方式，大大提高了学习效率。

其次，为帮助学员梳理、运用课程知识，人力资源部门邀请了三位绩效优秀的标杆进行经验分享。他们利用经验萃取中的"框架梳理"逻辑，详细梳理了销售全周期流程中的 9 个重要环节，并设计了 5 天的培训课程。接着，他们引导标杆使用"细节萃取"方式进行经验分享，对每个环节中的关键要素都进行了细致的整理。这些整理后的内容被转化为各种形式的课程，如案例和实操课，供新人学习。

此外，在确认新人对理论知识和应用知识有了一定的掌握后，人力资源部门增加了 5 天的模拟演练课程，以帮助新人将知识转化为实践能力。

4. 案例结果

这一系列做法不仅大大缩短了培训周期，还改善了培训效果。用人部门反馈，经过这样的培训，新人上岗后的胜任程度明显上升，用人部门满意度非常高。

最终，人力资源部门在 20 天内成功地将新人培养成了具备清晰销售流程、场景认知，熟练掌握销售话术的"轻熟手"。

5. 项目点评

在这个案例中，利用经验萃取的方法，人力资源部门成功地完善了导师制，并加速了人才培养。

（1）系统化的知识传递：通过经验萃取，公司能够系统地整理和提炼出关键经验和知识，形成标准化的教学材料。这使得新员工能够更快速、更全面地掌握所需技能，同时也减轻了导师的教学负担。

（2）提升培训质量：萃取出的经验和知识是经过验证的、高效的实践方法，这保证了培训的质量。同时，标准化的教学内容也使得培训效果更可衡量。

（3）优化导师角色：经过经验萃取，导师可以利用萃取出的教学材料，更高效地引导新员工掌握关键技能，并在实践中提供必要的指导和反馈。

（4）加速人才培养：结合经验萃取和导师制，新员工能够在短时间内快速掌握核心技能和知识，从而缩短了人才培养周期。这不仅满足了公司对人才的需求，也降低了用人成本。

综上所述，这个案例通过经验萃取完善了传统的导师制，实现了知识的系统化传递、提升了培训质量、优化了导师角色，并加速了人才培养。这种创新的培训模式不仅提高了公司的运营效率，也为公司的长远发展注入了新的活力，是对导师制的创新。

第 8 章

培养企业萃取
师，打造人
才复制专家

01—

每个企业都要有自己的萃取师

当下是知识经济的时代，企业之间的竞争已不再仅仅是产品与服务的较量，而是更多地转化为知识管理与创新的竞争。员工在工作实践中积累的经验和知识，往往是企业最为宝贵且难以复制的竞争优势。因此，培养自己的企业经验萃取师是未来组织构建核心竞争力的必要举措。

1. 为什么企业需要培养自己的萃取师

第一，确保经验传承不流失。企业经验萃取师的首要任务是将员工在实践中积累的隐性知识显性化，以确保这些宝贵的知识得以有效传承。在员工离职、转岗或晋升时，如果没有合适的机制将这些知识留存下来，就可能导致知识的流失或断层。而通过企业经验萃取师的专业工作，可以系统地整理、归类和保存这些知识，使其成为企业的知识资产，随时为新员工和团队提供支持与指导。

第二，增强企业的核心竞争力。企业的核心竞争力往往来源于其独特的经验和知识体系。比如，很多优秀的企业都有自己的方法论体系，就像丰田有精益生产管理体系、华为有铁三角管理体系，华与华有自己的品牌营销体系。通过培养自己的企业经验萃取师，企业可以更好地构建和完善自己的知识库和知识体系，形成独特的竞争优势。

第三，促进企业学习与创新。企业经验萃取师不仅是知识的搬运工，更是企业学习与创新的推动者。他们通过提炼和总结最佳实践，使这些知识以案例、课程、手册等形式在企业内部广泛传播。这样，其他员工和团队可以快速学习借鉴，降低试错成本，提高工作效率。同时，这种跨部门、跨岗位的知识共享，还能激发员工的创新意识和创新思维，推动企业持续创新与发展。很多时候，萃取老员工的经验的同时，还能激发出更多员工的好点子、好做法。这些都无形中加速了学习型组织的构建。一家能够持续学习、自我迭代的企业是非常有生命力的。

第四，提升员工的专业素养与技能。企业中，经验萃取师如同勤劳的蜜蜂，通过提炼和传播优秀经验，助力员工成长与企业发展。他们深入挖掘企业的经营亮点与标杆实践，与各领域专家展开深度对话，精准识别员工的知识盲区和技能不足。基于这些发现，他们有针对性地设计培训项目和学习资源，精准提升员工业务能力和专业水平。这种内生式的人才培养模式，可以有效开发内部学习资源，降低培训成本和招聘成本。

第五，实现企业文化的塑造与传承。其实，在萃取过程中，除了具体的经验和知识外，优秀员工的理念、价值观和思维模式等精神财富比知识和技能更具有感染力。萃取师萃取和传播这些优秀的精神财富，不仅有助于凝聚员工，还能在企业内部形成良好的工作氛围，培养员工正向积极的价值观，这是一家企业无法被模仿和超越的软实力。

所以，培养自己的企业经验萃取师对于企业的长远发展具有重要意义。每个有远见的企业都应该重视并投入资源培养自己的企业经验萃取师团队，为企业的可持续发展提供坚实的知识保障和人才支撑。

2. 哪些人需要掌握萃取的技能

如果企业有内训师、培训经理、组织发展专员，他们就是企业萃取师的不二人选。因为他们专职负责员工的培训和发展工作。他们需要具备经验萃取的能力，以便从各种来源（如优秀员工、成功案例、失败教训等）中提炼出有价值的知识和经验，并设计有效的培训和发展项目。因此，经验萃取与学习项目设计和推动能力，应该是内训师、培训经理和组织发展专员的必备能力，培训也才能避免与业务"两张皮"的窘境，真正赋能业务，创造价值。

除了这些人之外，员工要具备一定的萃取能力，因为内训师、培训经理、组织发展专员通常人数较少，服务不了太多人。所以下面这些人也最好具备经验萃取的能力。

第一类，中高层管理者。管理者的任务是带领团队实现业务目标，因此如果管理者凡事亲力亲为，不能把自己的优秀经验传授给团队，团队成员无法成长，不能独当一面，管理者就会陷入每天忙碌和救火的窘境。除此之外，团队中一定有些优秀的经验，如果管理者不能及时发现亮点，并且萃取优秀员工的经验，团队成员的能力差距就会拉大，团队整体绩效就会受影响。

所以，管理者要能总结提炼团队和个人的最佳实践，以便在企业内部应用和推广。通过经验萃取，管理者可以促进团队成员之间的知识共享，提升整体绩效。

第二类，关键岗位员工与高潜力人才。关键岗位员工和高潜力人才是企业未来发展的重要力量。通过培养他们的经验萃取能力，企业可以确保这些员工快速地学习和成长，在学会萃取资深员工优秀经验的同时，也能将自己的知识和经验传授给其他人。

总之，经验萃取的能力对于多个角色来说都是非常重要的。通过培养这些能力，企业可以确保知识的有效传承，提升员工的专业素养和技能，促进企业的学习和创新以及增强企业的核心竞争力。

那该怎么培养企业经验萃取师呢？下一节和你分享企业经验萃取师的能力模型。

02一
企业经验萃取师的能力模型

在快速变化的商业环境中，员工的经验和知识日渐成为企业最宝贵的无形资产。企业经验萃取师作为挖掘和传播企业内部最佳实践的专家，显得尤为关键。他们不仅要具备深厚的专业知识，还要有敏锐的洞察力和卓越的沟通能力，以发掘并传播推动企业进步的经验和智慧。这节将探讨企业经验萃取师的核心能力模型，旨在帮助你更全面地理解这一角色，并为有志于此的人士提供指导。

企业经验萃取师的工作范围包括发现萃取的机会，萃取有价值的经验，并且设计传播复制经验的方法论。因此根据每个阶段的工作任务要求，我整理了企业萃取师的能力模型（见下图）。

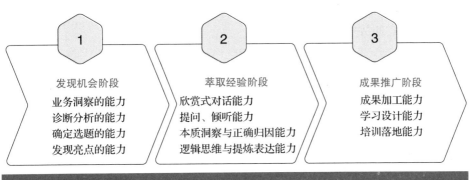

1. 发现机会阶段

在企业中，不是所有的经验和知识都值得加以萃取。企业经验萃取师就像一个企业中敏锐的亮点捕捉者，他们要有很强的业务嗅觉，能够理解业务当前的目标和挑战，找到萃取的机会。所以，企业经验萃取师要具备以下能力。

第一，业务洞察的能力。企业经验萃取师需要深入了解业务的核心目标、实现这些目标所面临的主要挑战，要和业务部门保持紧密的沟通，因为他们能够识别出业务发展的关键驱动因素，并准确把握各要素之间的联系。比如在门店经验萃取案例中，企业经验萃取师就需要理解门店业务的价值链，并且根据价值链梳理与门店业绩增长相关的关键场景。

第二，诊断分析的能力。在理解业务的基础上，企业经验萃取师还需要进一步发挥内部绩效顾问的作用，帮助业务团队诊断和分析业绩瓶颈以及人才发展方面的障碍。他们应运用各种工具和方法，如数据分析、访谈调研、流程梳理等，对问题进行深入剖析，并找出根源。同时，他们还应结合自身的专业知识和经验，为业务团队提供切实可行的解决方案和改进建议。

第三，确定选题的能力。明确了萃取的价值和方向后，企业经验萃取师需要清晰地界定萃取的目标和范围。这包括确定哪些经验和知识是需要被萃取的，以及这些经验和知识在企业内的适用范围和推广方式等。企业经验萃取师需要与业务团队密切合作，共同筛选出具有标杆意义的经验和案例，确保萃取工作有的放矢。

第四，发现亮点的能力。在企业内部，往往隐藏着许多优秀的实践。这些实践可能是某个员工独特的工作方法、某个团队高效的协作模式，或者是某个部门创新的管理流程等。企业经验萃取师需要具备敏锐的观察力和判断力，能够及时发现并捕捉到亮点。他们要通过与员工日常交流、参与团队的实践活动以及定期组织内部分享会等方式，积极寻找和发掘优秀的经验和人才。

2. 萃取经验阶段

在萃取经验阶段，企业经验萃取师需要通过与标杆的深入交流和引导，将其隐性的知识和经验转化为显性的、可传播的形式。这一过程对萃取师的沟通能力、提问技巧和提炼能力提出了较高的要求。

首先，欣赏式对话与提问、倾听能力。企业经验萃取师和培训师不一样，企业经验萃取师更多的时候是倾听、理解员工，并且启发员工讲得更多。因此企业经验萃取师需要以真诚和欣赏的态度与员工交流，充分肯定他们的成绩和努力，才能激发员工的分享欲。在沟通过程中，需要运用开放式和封闭式相结合的提问技巧，引导员工回忆和分享自己的经验和知识。同时，他们还需要倾听并准确理解员工的表述和意图，捕捉其中的关键信息和细节。

其次，本质洞察与正确归因能力。企业经验萃取师需要具备洞察事物本质的能力，能够透过表面现象深入员工经验和知识的内核中，帮助员工进行正确归因。在这个过程中，他们需要深入挖掘这些方法和技巧背后的本质原理和思维模式，以确保其他员工能够复制成功。这对企业经验萃取师的要求是非常高的，需要进行长期的思维训练。

最后，逻辑思维与提炼表达能力。企业经验萃取师要具备较强的提炼和表达能力，能够将员工零散、碎片化的经验整合成系统化、结构化的知识点。将员工的经验和知识转化为可传播的形式是经验萃取的关键步骤。在这个过程中，企业经验萃取师还需要运用逻辑思维能力和批判性思维来分析和整理这些知识点，确保其连贯性和一致性。

3. 成果推广阶段

萃取成果形成后，如何将其有效推广并应用到实际工作中是检验经验萃取价值的重要环节。这要求企业经验萃取师不仅要有扎实的专业知识和技能，还需要具备一定的项目设计和项目管理能力。

第一，成果加工能力。为了让萃取成果更易于被企业内部员工接受和应用，企业经验萃取师需要将其加工成符合实际要求和应用场景的案例、课程、标准操作程序等形式。他们要根据不同的受众群体和传播渠道选择不同的形式。例如，对于门店培训而言，可能需要将销售方法论体系制作成一系列生动的案例故事和互动性强的在线课程；而对于技术萃取项目来说，则可能需要制定一套详细的标准作业程序和操作指南来指导他们的日常工作实践。

第二，学习设计能力。萃取成果开发出来后，如何有效推广是非常重要的环节。一般来说，需要通过举办内部培训、案例分享会，或者训战工作坊等形式，让其他员工真正理解，并能够熟练运用萃取的成果。

第三，培训落地能力。企业经验萃取师还需要指导业务跟踪监控培训进度和效果反馈，设置一系列评估指标，以确保人才复制目标的顺利实现。

在开展经验萃取的过程中，优秀的企业经验萃取师还需要具备一定的沟通协调能力和内部影响力，以便取得业务部门的支持和配合。

4. 综合素质和能力

除了以上能力，作为一名优秀的企业经验萃取师还应热爱学习、有一定的知识储备和强大的学习能力。首先，他们要热爱学习，对获得新知有兴奋感，对别人的成功有好奇心，乐于倾听别人的经验，这样的人就是萃取师的好苗子。

其次，知识储备很重要。其实很多时候标杆说不清楚自己是怎么做到的，所以企业经验萃取师要有一定的知识储备量，可以在认知结构上引领、启发标杆，还会给标杆一些惊喜感。

最后，强大的学习能力。企业经验萃取师需要快速学习新知识，因为萃取可能会涉及不同的部门和岗位。尽管企业经验萃取师不需要成为业务标杆，但是起码能够穿越一些专业知识的屏障，和萃取对象顺畅地沟通，这样萃取才会更加有深度。

03 —
企业经验萃取师的培养路径

在培养企业经验萃取师时，企业可以选择两条路径：外派人员学习和企业专项内训。这两条路径各有优势，适用于不同规模和需求的企业。

1. 外派人员学习

对于规模较小或初次尝试培养企业经验萃取师的企业来说，外派人员学习是一个不错的选择。这种方式的核心在于选派有潜力的员工参加专业的萃取师培训课程，让他们在短时间内系统地掌握萃取技能和方法论。

在选择外派学习项目时，企业需要关注几个关键因素。

首先是萃取导师的实战背景。优秀的导师一定是实战型萃取师，给大量的企业交付过萃取实战项目。

其次，经验萃取方法论的知识体系和方法的实用性也非常重要，这直接关系到学员能否将所学应用到实际工作中。萃取的方法也不应太复杂，以免看起来特别高大上，但是上手应用时难以找到切入点。

最后，学习项目的设计是否注重训战结合也是评判一个项目优劣的标准。萃取师技能需要在实践中不断练习才能熟练掌握，因此，项目中应包含大量的实战训练环节。

举个例子，我在设计萃取师孵化项目时，以库博经验学习圈为设计依据，设计三个阶段的学习路径。

首先是自己体验萃取，只有自己体验过萃取以后，才能感受到萃取的魅力和价值，才能了解萃取的深度以及如何把握萃取的颗粒度，也才能对萃取的方法论和工具有更深的理解。很多人问我能不能直接学习萃取师的经验，我的建议是不能跳过被萃取的阶段。否则自己对萃取是缺乏体验的，很难把握萃取的深度和质量。

其次是系统学习萃取他人的技能，包括萃取的底层逻辑、方法论、工具使用以及观摩实战萃取过程等。这个过程会让萃取师学员透彻理解萃取的本质，通过大量的刻意练习来巩固和提升所学技能，在实践中得到专业萃取辅导老师和其他人的反馈。如果这个部分缺失的话，是难以真正掌握萃取技能的。

最后是成为职业萃取师的阶段。如果你想以萃取师为职业发展方向，那么你既要有专业的萃取能力，也需要有一定的商业能力，能够开发出自己的差异化萃取产品，并且学会如何开展线上运营，能够获得精准流量并且成功变现。职业经验萃取师需要两年的培养周期，夯实实战交付能力，再学习高效变现方法，才能够轻松接单。

2. 企业专项内训

规模较大、人数较多、萃取需求比较多且频繁的企业可以培养内部的经验萃取师。这种方式的优势在于可以根据企业的实际需求和情况定制培训课程和内容，同时可以在培训过程中结合企业的实际案例进行实战演练。

比如我曾经给某家世界 500 强银行的人力资源部设计案例萃取师的培养体系，取得了非常好的结果。不但培养了萃取师，而且产出了一套高质量的案例萃取成果。

当时这家银行总部正在举办人力资源案例萃取大赛。银行需要沉淀一批人力资源领域的优秀案例，萃取银行行长、总经理的人力资源管理经验。银行总部人力资源部总经理希望借此机会，既能培养一批优秀的萃取师，也能帮助一线标杆产出一批高质量的案例萃取成果参赛。

其实这个项目的难度是很大的，因为相当于要同时培训两批人，产出两类成果。既要让萃取师学习和成长，具备合格的萃取能力，又要让标杆有成果的贡献，同时还要学习，有收获。如果单独做萃取师培养，他们又缺乏练习的真实对象。但是如果培训一群新手，一边学萃取一边做萃取，他们能否真正学到萃取技能，并且产出高质量的成果参赛呢？标杆会不会觉得在浪费他们的时间呢？

项目开始之前，大家都捏了一把汗。我经过一番思考，坚持要把萃取师培养和萃取标杆经验结合起来，并且设计了一个训战结合的萃取师培养方案（见下图），这个方案分成三个阶段：萃取准备阶段、萃取实施阶段、萃取考核阶段。

首先，我们选拔了银行总部人力资源部的 10 位优秀员工（以下称新萃取师）参加案例萃取师项目培训。为了更好地帮助他们学习和掌握萃取技能，我们还邀请了 10 位标杆来萃取经验。让标杆和新萃取师结对，两人一组进行经验萃取。如果没有萃取对象的参与，新萃取师没有真正的对象感，会导致练习流于形式。

	萃取准备阶段		萃取实施阶段		萃取考核阶段
总部人力资源部	定主题	提名标杆	项目统筹管理		新萃取师考评
萃取师		提名标杆 沟通标杆	线上预习 萃取课程	访谈标杆 提交案例选题 分析案例亮点	学方法 线下萃取 产出成果	成果辅导 学习复盘	论文答辩
业务标杆			配合调研	配合萃取 学习萃取	

其次，对新萃取师做技能培训，通过线上预习课搭建萃取的基本流程和框架。然后由新萃取师对标杆进行案例访谈，调研标杆的案例是不是与主题相关，是否有值得萃取的经验。访谈过后，再确定案例萃取的亮点。这样萃取的目标明确，新萃取师提问的时候也更加有的放矢。

接下来我们安排了两天的萃取工作坊，新萃取师在我的引导下集体完成每个阶段对标杆的萃取，我在现场对萃取成果进行把关。这个工作坊有两个目标，第一是让新萃取师练习萃取的技能，产出有质量的成果；第二要让标杆有收获感，意识到自己不只是来现场贡献经验的。

再次，萃取成果完成后，我再进行优化辅导，完善对萃取成果的质量把关。这个过程非常重要。标杆离开现场后，我们对新萃取师进行萃取格物训练。刻意练习一个案例，深入探究一个案例，比泛泛地选取十个案例学习的效果更好。最后，在每个人提交了符合质量标准的成果后，我又要求每个人提交一篇学习复盘文章，并且完成萃取师论文答辩，以此来检验学习的效果。

通过实施这种高强度的训战项目，客户银行沉淀了一批优质的萃取成果，并且获得了案例萃取大赛的优秀奖，同时培养了一批具备实战萃取能力的萃取师。

总结一下，无论选择哪条路径来培养萃取师，企业都需要投入足够的资源和精力来确保培训效果和质量。只有持续不断地投入和努力，才能培养出一支高素质的萃取师队伍，为企业的知识管理和创新发展提供有力支持。

3. 企业经验萃取师成长的路径图

在学习了萃取师技能后，企业经验萃取师需要回到本单位开展萃取项目，将萃取有效地融合到日常的工作中。

一名优秀企业萃取师的成长路径，往往是一个从主动推广到被业务部门寻求支持的过程（见下图）。

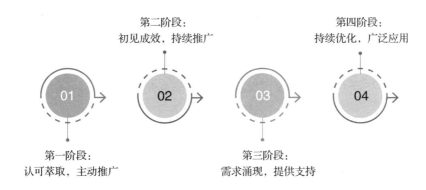

第二阶段：
初见成效，持续推广

第四阶段：
持续优化，广泛应用

01   02   03   04

第一阶段：
认可萃取，主动推广

第三阶段：
需求涌现，提供支持

第一阶段：认可萃取，主动推广

在初期，面对业务部门的不了解或疑虑，企业经验萃取师会主动出击，积极推广萃取项目的价值和意义。他们会通过举办讲座、分享会或与业务部门沟通等方式，详细介绍萃取的目的、方法和潜在收益。在这个过程中，企业经验萃取师可能会遇到各种挑战和困难，但他们的热情和坚持会让业务部门逐渐认识到萃取的价值。

第二阶段：初见成效，持续推广

随着企业经验萃取师的努力推广和业务部门的初步尝试，一些成功的萃取案例开始涌现。这些案例不仅证明了萃取的有效性和实用性，也让业务部门尝到了萃取的甜头。业务部门开始意识到，通过萃取可以快速提升团队能力、优化工作流程，从而实现更好的业绩。

第三阶段：需求涌现，提供支持

随着业务部门对萃取价值的认可，它们开始主动向企业经验萃取师提出需求，希望得到更多的萃取支持。企业经验萃取师要根据业务部门的实际需求，定制相应的萃取方案，并提供专业的指导和支持。在这个过程中，企业经验萃取师的专业能力和经验得到了进一步的提升和认可。

第四阶段：持续优化，广泛应用

随着企业经验萃取师与业务部门的合作不断加深，萃取项目得以不断优化和提升。企业经验萃取师会根据业务部门的反馈和需求，持续改进萃取方法和技巧，提高萃取效率和质量。同时，业务部门也会更加积极地参与萃取过程，提出更多有价值的建议和想法。这种良性循环使得萃取项目在企业内部得到更广泛的应用和认可，企业经验萃取师也在这个过程中变得更加成熟。

04

萃取师来信摘要：如何通过经验萃取为企业创造价值

1. 第一封萃取师来信：何珊，某上市公司培训经理

我在学习萃取之后发现萃取能够应用的场景非常多。之前，我可能只是一个普通的培训经理，但现在，我已经成为公司内部的知识萃取专家，为公司带来了显著的价值。

场景一：项目管理经验萃取与复制

我曾在公司负责一个项目，利用内部即时通信系统的问答功能，促进项目经理间经验的分享与传播。我通过问卷调查收集了同事们在项目管理中的难题，并放在问答专区请大家回答。虽然同事们积极参与，但回答内容较散乱。因此，我挑选了几位回答详细的同事进行访谈，通过细节萃取法整理他们的经验，使内容更具逻辑性。这些整理后的答案在平台上大受欢迎，后来我和同事们还将其整理成 PDF 资料在内部传播。此项目受到领导和员工们的一致好评，员工们觉得这种方式既轻松又有效，领导也认为提高了效率并节省了成本。

场景二：项目经理辅导能力提升

我们公司有个事业部为 1000 多名员工设计了成长计划，并安排每个主管带教 5 名员工，总共分成 200 多组。但是第一期运行的效果不太好，主管在辅导员工时效果不佳。经过调研，我发现他们缺乏有效的辅导方法，只是简单地传授经验而未引导员工思考。但在访谈中，我发现一位优秀的主管采取了特别的方式。他通过建立学习群、倾听员工想法、引导思考和回访跟

踪，确保了辅导的有效性和持续性。我从中提炼出了辅导的模型，并且给其他的主管都做了分享，大家反馈说特别实用。

场景三：销冠经验访谈与直播分享

今年我们公司开始重视销售人员的培养了，尤其是公司 CEO 非常重视销售培训。我们公司是一家技术型公司，销售业务主要是关系型的大客户销售。今年我们开始进行销售大练兵。

我们设计了几套培训方案，包括业务知识和能力提升培训。我建议提炼销售人员的经验并进行内部复制。但是领导觉得有困难，因为优秀销售员都不爱做分享。我提出采用直播访谈的方式，由我来萃取销冠的经验，无须他们做任何准备。领导马上同意了。

我觉得萃取技术是培训岗位的必备技术。

首先，萃取技术让我更加深入地理解了业务的需求和痛点。我能够与业务部门进行深入的对话，理解他们的真实需求，并给出有效的解决方案。这种深入的理解让我不再是一个旁观者，而是成了业务部门的合作伙伴和问题解决者。

其次，萃取技术让我的培训手段更加多样化和灵活。我不再仅仅依赖传统的培训方式，而是能够利用企业内部的优秀经验，通过萃取技术提炼出有价值的知识，产生百问百答、手册、标准操作程序等多种形式的成果。这种多样化的培训手段能够更好地满足业务部门的需求，提高培训的效果和转化率。

此外，萃取技术还提升了我的个人能力和价值。通过不断地萃取和实践，我的逻辑思维、总结提炼能力都得到了很大的提升。我能够更快速地识别问题、分析问题，并给出有效的解决方案。这种能力的提升让我在企业内部更受认可和重视了。

总的来说，学习萃取技术是我职业生涯中的一个重要转折点。它让我从一个普通的培训经理成长为一个企业内部的知识萃取标杆，为企业带来了显著的价值。我相信，在未来的工作中，我会继续利用萃取技术，为企业创造更多的价值。

2. 第二封萃取师来信：陆勇，某企业 HRD

在公司中，我运用了萃取技术，收获了许多宝贵的经验。以下是我在不同场景中运用萃取技术的具体细节。

场景一：销售业务交流与培训

在公司快速发展期，销售团队需要不断提升业绩。销售负责人常常向人力资源团队提出，希望多组织销售技能提升的培训，但往往面临一个现实的问题。如果找外部讲师来进行培训，销售负责人认为外部讲师的内容虽然系统性强，但在真正落地时还是有挑战的。他希望员工课上学习了新知识，下课了就马上可以用。如果组织公司内部的业务标杆开发课程，也面临很多的挑战：时间、质量、效率等。学习了萃取技术后，我发现可以快速地解决类似的问题，也发现公司内部有许多销售经验和策略没有得到充分的分享和应用。

对此，我采用了以下几个步骤的做法。

第一步，与销售负责人沟通，了解业务痛点。我提了一个问题：当下我们要提升业绩，有哪些关键痛点？他告诉了我几个关键痛点：如何激活老客户产生复购、如何在存量客户中挖出商机、如何推动更多的转介绍等。

第二步，了解了这些关键痛点之后，我就让销售负责人推荐几位在这几个方面做得好的销售员，让他们来分享自己的实战经验；对要分享的销售员进行一对一的访谈，进行经验萃取，并结合我们的经验来制定培训内容。通过萃取销售员的实战经验，我们整理了一套有效的销售技巧和策略，并对销售团队进行了培训。这不仅提升了销售团队的整体业绩，还促进了销售团队成员之间的交流和合作。

场景二：大型经销商大会的经验沉淀

我们公司每年都会举办大型经销商大会，与会规模达到一两千人。我发现，尽管这样的活动每年都在办，但每次活动结束后都没有对经验进行系统的沉淀和整理。如果明年换一个人来操办大会，他可能需要重新设计方案，没有文字参考资料，这要花费大量的时间，还有可能犯下别人犯过的错误。

于是，我主动提议，召集各个模块的负责人，共同将大会的流程、经验、遇到的问题等整理成文字资料，形成一份操作手册。这份操作手册成为公司举办大会的重要参考，让新的负责人能够顺畅地举办大会。

比如，在一次经销商大会中，我们遇到了客户的饮食问题，由于准备不充分导致部分客户感受不佳。通过萃取这次事件的经验，我们在操作手册中明确记录了客户饮食的注意事项，并提示在后续的活动中要提前与客户沟通，避免了类似问题的再次发生。

场景三：业务部门的经验萃取与推广

除了大型活动和销售培训外，我还积极参与了业务部门的经验萃取工作。在与业务部门的同事们沟通时，我通过提问和引导的方式，帮助他们梳理和总结出宝贵的经验。这些经验不仅有助于解决当前的问题，还为公司的长远发展提供了有益的参考。

比如，我们公司有个业务是做教培连锁机构，业务负责人发现不同区域的耗课率存在显著差异。在参加业务会议的时候，我通过提问和诊断，引导这位业务负责人找出了高耗课率区域耗课率高的原因，并萃取了这些区域的成功经验。这些经验被应用于其他区域，有效提升了整体的学员出勤率和客户满意度。

总之，在工作中运用萃取的方法和技巧让我深刻体会到经验的价值和重要性。通过萃取和应用经验，我们不仅能够解决当前的问题，还能为公司的长远发展奠定坚实的基础。

首先，萃取技术帮助我提高了培训效率。以前，我在培训新员工时需要花费大量时间，有时还要进行一对一的指导。通过学习萃取，我现在能够将公司内部的最佳实践和经验整理成文档或手册，供新员工自主学习。这不仅大大减少了我在培训方面的工作量，还让新员工能够更快地融入团队，开始高效工作。

其次，萃取技术帮助我更好地与业务部门沟通。以前，在与业务部门沟通时，我常常感到难以把握他们的需求和痛点。通过学习萃取中的提问和倾听技巧，我现在能够更准确地理解业务部门的需求，提出有针对性的建议和解决方案。这种改善不仅增强了我与业务部门之间的合作关系，还提高了整个公司的运营效率。

最后，萃取技术让我更加注重经验的传承和知识的共享。以前，公司内部的一些宝贵经验往往只掌握在少数员工手中，一旦员工离职，这些经验就会流失。现在，通过学习萃取技术，我将这些经验整理成文档或进行分享，确保它们能够在公司内部得到传承。这不仅提高了公司的知识储备和创新能力，还增进了员工之间的交流和合作。

3. 第三封萃取师来信：鸽子，某公司创始人

我是一名创业者，学会萃取让我的管理工作更加轻松高效，并且培养了团队的自我萃取能力，让团队拥有安全感和幸福感。

场景一：创业中的组织能力建设

我在创业过程中，一开始很担心员工离职带来的负面影响。因为员工一旦离职，可能会导致某些重要客户流失，营收立刻就下来了。后来我明白了，员工离职带来的是组织能力下降的风险。所以为了提升组织的安全感，降低员工离职对业务的影响，我学习了萃取技术。通过萃取核心骨干的优秀

经验和项目知识，其他员工可以顺利接手相关工作，即使核心骨干离职，新客户的开发和营收也能得到保障。

场景二：缩短员工培养周期

除此之外，我们发现在培训员工的过程中，传统的课程培训方式速度慢且效果不佳。但是外聘讲师的成本高昂，而且培训内容和企业实际需求不贴合。后来我发现其实组织内部就有资源，不用向外索求。我把萃取的优秀员工的成功经验打造成可复制的学习内容供员工学习。这种方式比参加线下课、线上课等培训方式更有效，因为员工可以直接学到经过验证的成功经验。

场景三：个人知识管理与输出

我在学习萃取技术后，更加重视个人知识的管理和输出。作为管理者，我经常要开会，有时每天要开好几个会，很多时候，这些输出对于团队和组织都是有价值的，如果没有沉淀下来，就需要重复讲这些内容。所以，我开始有意识地对自己的输出进行管理，通过萃取技术将个人经验和知识沉淀下来。这不仅让我更好地保留了自己的知识和经验，也为团队和其他人提供了有价值的学习资源。

总结来说，我觉得萃取技术改变了我的思维方式。它帮助我快速理解事情的本质，并将复杂的问题简化成易于理解和处理的要素。这种思维方式不仅使我在工作中更加高效，也让我在日常生活中更加敏锐和有条理。

同时，萃取技术提升了我的团队管理能力。通过萃取团队成员的经验和智慧，我更好地了解了他们的工作情况、挑战和需求。这让我能够更加精准地为他们提供支持和帮助，增强了团队的凝聚力和执行力。同时，经验萃取也促进了团队成员之间的相互学习和交流，让团队更加和谐和高效。

萃取也让我与团队达成了和解。在萃取的过程中，我深入了解了团队成员的辛苦和付出，对他们的努力和贡献有了更深刻的认识。这让我更加尊重和理解他们，也让我们的团队关系更加融洽和紧密。

本章思维导图

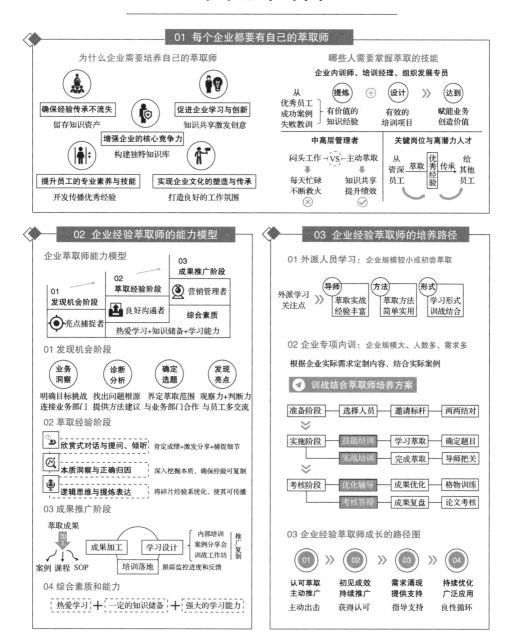

附录 1：五类萃取成果范例

常见的萃取成果物包括 SOP、案例、微课以及培训课件等。下面给读者呈现常见的各类成果物的结构和范例，供读者参考。

第一类，SOP 即标准操作流程，主要包括工作任务主题、要达到的目标、具体步骤、关键行为、原因或理由、注意事项和检验结果。

工作任务主题				
目标				
步骤	关键行为	原因或理由	注意事项	检验结果

第二类，话术类。比如在做一个案例萃取时，提问要遵循一套基本的逻辑和话术，下面是一份案例萃取话术模板供读者参考。

流程	目标	话术	理由
萃取访谈准备	萃取师和访谈对象都要做好准备工作	1. 知识储备 通过询问、现场观察、资料查阅等方式，对拟萃取的主题有大致的了解。 2. 问题准备 给访谈对象发一份访谈说明，让对方提前了解访谈目的、用途、内容和时长。 3. 物料准备 准备录音笔、笔记本、笔、水杯、白板、白板笔等。如果是线上访谈，则提前建好腾讯会议。 4. 环境准备 准备安静的会议室、准备咖啡或茶水等。 5. 心态准备 好奇心、肯定、欣赏对方	给访谈对象建立心理预期，同时萃取师自己也要做好准备，快速适应
（一）连接	破冰，打开话匣子	1. 建立关系 萃取师可以用自我介绍、寒暄的方式打开话匣子，如聊工作、聊生活、聊爱好。 话术参考： "Kevin 您好，我是培训部的 ×××。非常感谢您来参加这次的访谈，早就听说您在 ×× 领域有丰富的经验，而且特别热心，乐于分享。" "先了解下您负责这件事有多长的时间了？" 2. 说明来意 让访谈对象了解你的目的，以及经验萃取对他（她）个人、公司的价值。 话术参考： "大家都说您在这方面有很多成功经验，平时您也经常分享经验，为了节约您的时间和精力，也为了帮助您更好地提炼经验，让更多同事能够受益，这次我们来帮助您做经验的整理和提炼。"	建立连接，目的在于让访谈对象感到安全、自在，同时感到被尊重，产生价值感，激发访谈对象的分享意愿

（续）

流程	目标	话术	理由
（二）还原	还原事件，明确定位	1. 事件还原 针对××问题或任务，您有哪些成功的经历？ 1）问背景 这是一件什么事？这件事为什么重要？ 这件事发生在什么时候？发生在哪里？您具体负责哪些方面？ 2）问冲突 当时您遇到什么挑战/问题？能否列举三项？ 3）问选择 您当时内心的感受是怎样的？ 您有哪些选择？后来采取了哪些关键行动？ 4）问结果 这件事的结果怎样？有没有什么数据？ 5）问反思 相关人员是怎样评价的？您觉得这件事最关键的步骤有哪些？（萃取师边听边记录） 如果再做一次这件事，您希望在哪些方面做得更好？ 在还原事件时，萃取师要带着强烈的好奇心去和对方交流，先了解事情、流程的全貌，识别这个案例中的核心亮点，锚定萃取的关键点，并且记录自己认为的亮点和主要步骤 2. 萃取定位 通过还原故事，萃取师可以识别出故事中的核心亮点，确认萃取主题、要解决的问题和目标。 萃取主题：如何/怎样……（解决××问题，或者完成任务） 要解决的问题：某人在做××事的过程中，因为缺乏×××方法/技巧，导致×××结果 目标：运用×××方法，做×××事，取得×××结果	对于访谈对象而言，经验萃取前要充分激活记忆，事件还原可以帮助访谈对象快速回忆事件的起因、经过和结果，为下一步萃取做准备 对于萃取师而言，还原事件可以快速理解对方的故事，感受对方的情绪，与访谈对象产生共鸣。 更重要的是记录核心亮点的动作，有助于思考案例萃取的切入点 萃取定位可以帮助访谈对象明确萃取经验的范围和边界，以及要解决的问题

（续）

流程	目标	话术	理由
（三）建构	搭建框架，深挖细节	1. 搭建框架 用动宾结构的短语梳理案例取得成功的关键步骤，可以用思维导图梳理或者在白板上手绘。与访谈对象确认关键动作，提炼步骤名称，如步骤一（二）：步骤名称××× 2. 深挖细节 拆解每个步骤的细节经验，利用工作任务分析表进行深入挖掘： 例如，步骤一（二），×××× 1）关键行为：在这个步骤中，您做了哪些关键的事？具体是怎么做的？ 描述关键行为的句式：通过××方式，做××事，做到什么程度？（数量、质量、时间等） 2）理由：这样做的理由是什么？您希望达到的目标是什么？如果不这样做还有别的方法吗？ 3）难点和应对策略：完成这些步骤，有哪些难点、注意事项？您是怎样应对的？能否举个例子？ 4）辅助工具：您为了高效地完成这些步骤，使用了哪些工具？可以提供给新手哪些工具？（表单、范例、流程、话术等） 5）检验标准：这个步骤做好的标准是什么？ 要先搭建框架，再深入挖掘每个步骤的具体做法、理由、难点应对和检验标准	搭建框架时要先识别关键步骤，可以让整体思路更清晰 深挖细节时从框架入手，拆解每个步骤的细节，这样不容易重复和遗漏
（四）检核	检核确认，查缺补漏	1）"Kevin，请你来复述一下萃取成果，看看是否有遗漏的地方。"访谈对象在复述过程中，会进一步检查确认内容是否完整、有没有重复。 2）结束前检核自己的理解。萃取师要问自己：我是否完全理解了流程，包括每个步骤要做什么、要做到什么程度，以及用什么方式做？假如是自己做，还有哪些细节需要问清楚？ 3）向访谈对象致谢并告知后续工作。可以这样说："非常感谢您的支持和分享，从您身上我学到了很多宝贵的经验。后续可能还会有一些信息需要请您确认，到时候我通过邮件或电话再和您联系。"	让访谈对象自己复述一遍，是对萃取成果的查缺补漏

第三类，案例类，用于做经验传播复制的案例，主要包括案例概述、案例价值、背景信息、问题、内心选择、解决思路、解决过程、结果和反思等。

案例标题		
1	概述	在 ×× 时间、地点，通过 ×× 方式，解决了一个 ×× 问题，取得了 ×× 效果
2	案例价值	案例的适用对象是谁，希望他们从本案例中学到什么？
3	背景信息	当时是什么背景？
4	问题	主要问题是什么？
5	内心选择	你是怎么想的？你有什么选择？你是如何进行选择的？
6	解决思路	这个问题可以分成几步来解决？
7	解决过程	请描述具体的解决问题过程，包括每个步骤和关键行为，以及采取这些行为背后的思考是什么，遇到难点是如何解决的。 （段落内容参考：步骤名称＋关键行为＋难点应对＋取得结果）
8	结果	取得了什么样的结果？（能量化的请提供相关的数据，不能量化的请分享前后对比情况）
9	反思	通过这件事你有什么关键的收获或成长？有什么建议希望分享给后来者？

第四类，培训课件及经验分享 PPT。

1）技能教学型培训课件的内容结构，一般包括问题导入、解决思路、问题场景、方法模型，然后分步骤讲解教学过程，提供每个步骤的方法、示例讲解，并且设置练习，最后做好学习总结和行动计划。

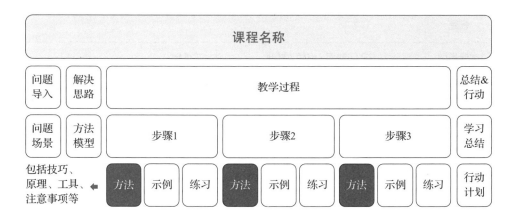

2）案例分享型课件的内容结构，一般包括案例导入、案例背景、任务说明、冲突难点、挑战、内心感受、问题分析与解决方案、每个步骤、关键行为和结果，以及案例成果、评价与反思，引导学员做学习总结和行动建议。

第五类，微课。以微课脚本为例，微课脚本要有具体的画面内容、解说词、时长，效果说明、所需素材等。

微课脚本					
标题					
微课类型	PPT/ 动画 / 视频 / 其他			总时长	
编号	画面内容	解说词	时长（秒）	效果说明	所需素材
1					
2					

附录 2：20 个常用知识模型

一、战略管理

1. SWOT 分析矩阵

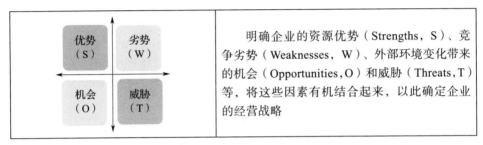

明确企业的资源优势（Strengths，S）、竞争劣势（Weaknesses，W）、外部环境变化带来的机会（Opportunities，O）和威胁（Threats，T）等，将这些因素有机结合起来，以此确定企业的经营战略

2. PEST 分析模型

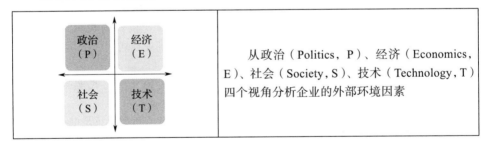

从政治（Politics，P）、经济（Economics，E）、社会（Society，S）、技术（Technology，T）四个视角分析企业的外部环境因素

3. 五力分析模型

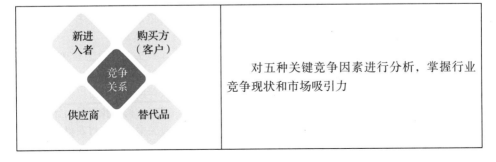

对五种关键竞争因素进行分析，掌握行业竞争现状和市场吸引力

4.平衡计分卡（BSC）

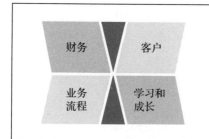

　　这是一种绩效管理工具，它不仅关注财务指标，而且在增加客户、业务流程、学习和成长几方面因素的基础上，使企业绩效评价趋于平衡和完善，利于组织的长期发展

5.VRIO 分析

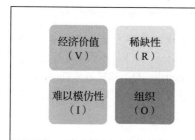

　　从经济价值（Value，V）、稀缺性（Rarity，R）、难以模仿性（Inimitability，I）和组织（Organization，O）四个维度出发，分析企业经营资源及其应用能力

6.商业模式画布

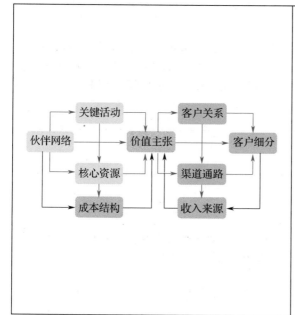

　　商业模式画布用于描述企业的商业模式，它包含以下九个模块：

　　价值主张：我能提供什么服务？

　　核心资源：我是谁？我拥有什么？

　　客户细分：我能帮助谁？

　　关键活动：我需要做什么？

　　渠道通路：我怎样宣传自己和自己的服务？

　　客户关系：我怎样和对方打交道？

　　伙伴网络：谁可以帮我？

　　成本结构：我要付出什么？

　　收入来源：我将获得什么？

二、市场分析

1. 4P 营销组合

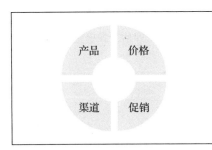

产品（Product）、价格（Price）、渠道（Place）、促销（Promotion）被称为 4P 营销组合。

企业可以根据这四个基本要素制订营销组合策略

2.4C 营销理论

一种从消费者角度出发设定市场营销组合的方法，分为四个要素：

消费者价值（Consumer Value）

顾客成本（Consumer Cost）

顾客的便利性（Convenience）

与顾客的沟通（Communication）

3. 产品的生命周期

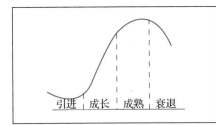

产品的生命周期，指一种产品从进入市场开始到最终退出市场为止，所经历的引进期、成长期、成熟期和衰退期四个阶段。企业可以根据产品生命周期制定市场营销战略

4.AIDMA 法则

把消费者从接触信息到最后达成购买经历的心理过程分为：引起注意、引起兴趣、唤起欲望、留下记忆、购买行动五个阶段，对于消费者会在哪个阶段产生购买欲的问题进行探讨

5.RFM 消费者分析

	R	F	M
消费者 A			
消费者 B			
消费者 C			

衡量客户价值和创利能力的工具，从最近一次消费（Recency，R）、消费频次（Frequency，F）、消费金额（Monetary，M）三项指标入手进行评估，找出优质消费者

三、团队管理

1. 组织能力杨三角模型

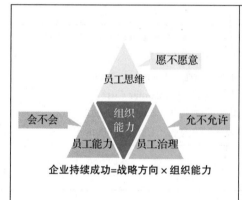

制定业务战略时，一定要考虑组织能力能否支撑其实现，两者相辅相成。

愿不愿意（员工思维）：员工是否展现出与组织能力匹配的价值观、行为和投入度。

会不会（员工能力）：员工是否具备能够实施企业战略、打造所需组织能力的知识技能和素质。

允不允许（员工治理）：能否提供有效的管理支持和资源，使得员工充分施展所长

2. 意愿能力矩阵

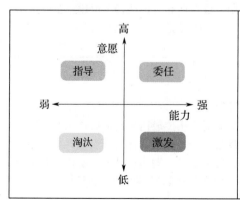

意愿能力矩阵用于工作任务的授权安排，根据员工工作意愿和能力强弱来匹配管理方式。对意愿高、能力强的员工，要委任；对意愿不足但能力强的，重在激发热情；对能力不足但干劲足的，要给予指导；对能力不强且干劲不足的，予以淘汰

3. 团队行动力公式

 $$POA = \frac{P_{artner} \times A_{cceleration}}{O_{bjective}}$$	公式里的 P（Partner）指伙伴，O（Objective）目标，A（Acceleration）指方法或手段，POA 指团队行动力，这个公式代表方法越有效，行动力就越强；伙伴越多，行动就越快速；目标越小越聚焦，行动力就越强

4. 5W1H 任务模型

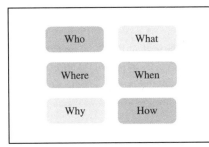	5W1H 任务模型包括由执行对象（What）、什么时间（When）、在什么地方（Where）、为什么（Why）、采取哪种有效措施（How）、责任人（Who）来执行任务。是一种广泛用于向上级汇报，制作宣传材料、制订实施计划等的架构，有时会增加多少（How much）和对什么人（Whom）两项重要因素

5. 麦肯锡信任公式

$$信任 = \frac{可靠性 \times 资质能力 \times 亲近程度}{自我取向}$$	可靠性，是指做事情的可靠程度； 　　资质能力，包括个人专业背景、职位头衔，以及专业能力和工作能力； 　　亲近程度，是与要取得信任的对象亲近程度； 　　自我取向，与信任程度成反比，反映以自我为中心还是以他人为中心

四、问题解决

1. 特性要因图

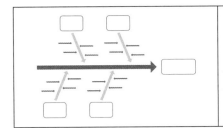	把问题的主要原因分为大切入点和小切入点，像鱼骨一样，按关联性整理而成，是一种用于改善问题的必备工具

2. 改进四原则（ECRS 法）

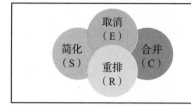	一种在寻找改进工作方法的过程中，归纳四大重要原则的方法。ECRS 即有无取消的可能性（Eliminate，E），有些工作能否合并（Combine，C），能否重排（Rearrange，R），线性方法能否简化（Simplify，S）

3. 力场分析

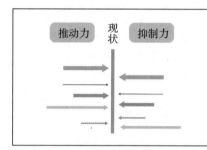	列举推动问题解决的因素（推动力）和阻碍因素（抑制力），分析各种力量的大小。对是否存在进一步提高推动力，减弱抑制力的可能性进行探讨

4. 利益相关者分析

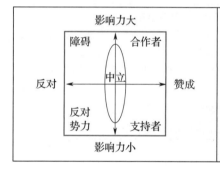	在推动组织改革时，从对改革持赞成或反对意见和对组织影响力的大小两方面，对利益相关者进行分类，为不同类型的利益相关者设计不同的应对方法